Gottfried Hutter · Auferstehung – vor dem Tod

Gottfried Hutter

Auferstehung – vor dem Tod

Therapeutisch arbeiten mit biblischen Texten

Kösel

ISBN 3-466-20380-5

Druck und Bindung: Kösel, Kempten
Umschlag: Elisabeth Petersen, Glonn
Umschlagmotiv: Knoten-Ornament, Schule von
Leonardo da Vinci, Kupferstich, Italien, um 1510

1 2 3 4 5 6 · 99 98 97 96 95 94

Gedruckt auf umweltfreundlich hergestelltem Werkdruckpapier (säurefrei und chlorfrei gebleicht)

Inhalt

Vorbemerkung

Amen, ich sage euch:
»Einige, von denen, die hier stehen, werden den Tod sicher nicht kosten, bis sie den Sohn des Menschen in seine Herrschaft eintreten sehen.« (Mt 16, 28)

Wer sich je abgeschnitten gefühlt hat von der Quelle des Lebens, wird sofort verstehen, worum es in diesem Buch geht. Eine Wiedergeburt aus dem Geist wird für ihn – oder sie – eine Notwendigkeit sein.

Die Erfahrungen des Abgeschnittenseins samt den Gefühlen von Unzulänglichkeit, Schuld, Lebensangst gehören zum Schicksal aller Menschen. Leider aber verwenden wohl die meisten allergrößte Anstrengungen darauf, diese Gefühle zu betäuben und zu leugnen. Und genau das führt dazu, daß sie die Möglichkeit einer Transformation zu Lebzeiten aus den Augen verlieren und die Bilder von der Auferstehung nur noch zeitlich-materiell verstehen. Ich konnte das nicht, und ich habe nicht aufgehört, nach dem Ewigen Leben jetzt zu suchen. Und so habe ich eines Tages eine große Veränderung erfahren, von der aus die biblischen Erzählungen in einem völlig neuen Licht erschienen. Und von da her weiß ich, daß alle diese Veränderung erfahren können, die sich der Wahrheit stellen wollen.

Es wird sein, als wären sie aus einem Alptraum aufgewacht. Alle Sorgen sind weg, alles ist gut. Sie fühlen sich eins mit dem Leben, wie neu geboren, ja »wahrhaft« auferstanden von den Toten. Dabei sind die konkreten Schwierigkeiten durchaus nicht aus ihrem Bewußtsein verschwunden, aber jetzt werden auch die größten Schwierigkeiten als ganz normal empfunden. Das Erlebnis wird vorübergehen und, nach vielen vergeblichen

Anstrengungen, wiederkommen und erneut vorübergehen, bis es schließlich bleibt, aber von da an werden sie das Leben mit anderen Augen sehen und auch die heiligen Schriften, denn jetzt haben sie das Erwachen, das diese beschreiben, wenigstens im Keim, selbst erlebt.

Mein neues Verständnis hat das ganze System von theologischen Vorstellungen abgelöst, das ich bis dahin für den Glauben der Bibel, bzw. der Kirche, gehalten hatte. Als ich anderen davon erzählte, bemerkte ich immer wieder ein tiefes Aufatmen. Und das hat mich ermutigt, das Wichtigste hier zusammenzustellen für alle, die von dem Üblichen nicht mehr berührt werden. Sie warten vielleicht schon lange auf etwas, das dem lebendigen Jesus wieder gerecht wird, auf einen literarischen Begleiter auf ihrem Weg der Transformation.

Dieser Begleiter wird sie unter anderem in vielen Übungen immer wieder daran erinnern, daß das Ewige Leben jetzt schon da ist und daß es auch spürbar wird, wenn wir eins sind mit dem, was der Geist gerade schickt. Die klischeehaften Vorstellungen vom »Leben nach dem Tod« dagegen kommen nicht vom Heiligen Geist. Sie sind von unserer Ablehnung der dunklen Seiten des Lebens motiviert: Durch sie meinen wir unsere Angst vor dem Loslassen zudecken zu können. Wir bräuchten eben nicht – wie die biblischen Väter – stets auf die unmittelbare göttliche Führung horchen. Wir bräuchten nur unsere »religiösen Pflichten« erfüllen, egal wie zwanghaft, um dann, nach dem Tod, dafür belohnt zu werden.

Von diesem Zwang wollen wir frei sein. Wir wollen unser Leben als lebendig begreifen, als neu und überraschend in jedem Moment. Das ist eine Herausforderung, doch wir sind ihr gewachsen, weil wir jetzt wieder Vertrauen haben zur unmittelbaren göttlichen Führung, aus der allein die spontane Kraft kommt und die Fülle es Lebens.

I Die biblischen Erzählungen über die Auferstehung

Zwei Beispiele zur Symbolik biblischer Erzählungen:

Der Zug der Israeliten durchs Rote Meer

(zu Ex 14, 21f.)

Damit wir beim Lesen und Überlegen der Erzählungen über die Auferstehung Jesu nicht zu sehr in unserem gewohnten journalistisch- »faktischen« Verständnis hängenbleiben, möchte ich mit einem Detail aus einer anderen Auferstehungsgeschichte beginnen. Es geht um den Zug der Israeliten durchs Rote Meer. Die Erzählung ist deshalb besonders lehrreich, weil sie zwei Perspektiven des Ereignisses miteinander verknüpft, die für unser gewöhnliches Verständnis völlig unvereinbar sind. Es heißt dort nämlich einerseits, der Durchzug wurde möglich, weil ein langanhaltender starker Ostwind das Meer an dieser Stelle trockengelegt hat, und gleichzeitig sagt der Erzähler, die Israeliten hätten das Meer durchquert, während das Wasser links und rechts von ihnen wie eine Mauer gestanden habe:

Und Mose streckte seine Hand über das Meer aus,
und JAHWE ließ das Meer durch einen starken Ostwind zurückweichen die ganze Nacht über
und machte das Meer zu trockenem Land.
Und die Wasser spalteten sich.
Und die Söhne Israels zogen mitten in das Meer hinein

auf trockenem Grund;
und das Wasser war ihnen eine Mauer
zur Rechten und zur Linken.

Wir kennen die Szene aus den Filmen über den Exodus. Da steht das Wasser immer wie eine Mauer. Aber »historisch-faktisch«, so scheint es, kann nur die Geschichte mit dem Wind zutreffen. Die Version, in der das Wasser wie eine Mauer steht, muß der Legende angehören, denn so etwas gibt es ja nicht.

Das ist für uns selbstverständlich und es hat keine weiteren Folgen für unseren Glauben. Wir gestehen der orientalischen Phantasie gern solche Ausschmückungen zu. Sollte sich in uns jedoch der Verdacht erheben, daß sich auch zentrale Ereignisse, wie die Auferstehung Jesu, als solche »Blüten der orientalischen Phantasie« erweisen könnten, dann kann unser Glaube schon ins Wanken kommen. Deshalb soll uns unser Beispiel zeigen, daß biblische Geschichte anders zu verstehen ist als profane Geschichte:

Unser Text etwa enthält eine Feinheit, die uns erst auffällt, wenn wir ihn nicht mehr »faktisch« verstehen: Es ist die Parallele zum Schöpfungsbericht, wo sich auch die Wasser spalten und wo ebenso trockenes Land erscheint (Gen 1, 7-9).

Für die Autoren der Bibel ist eines klar (was uns eben nicht mehr klar ist): Nicht der Wind, sondern das »Wort« Gottes scheidet die Wasser. Von Anfang an ordnet das »Wort« Gottes das Chaos und macht so Leben erst möglich. Weil sie dem »Wort« Gottes folgen, können sich die Israeliten mitten ins Chaos hineinwagen. Wenn Mose die Hand ausstreckt, so ist es Gottes »Arm«, der die bedrohlichen Fluten wie eine Mauer hält. Das ist für die Israeliten das Faktum. Der Wind führt den Befehl nur aus. Der Ausführende ist austauschbar und nicht das Wesentliche. Und die Symbolik der biblischen Sprache löst sogar noch das letzte »Konkrete« auf und hebt es in die geistige Sphäre – wenn »Wind« auf den Geist hindeutet und »Osten« für den neuen Anfang steht.

Alles ist wichtig. Das Unwichtigste ist das journalistische »Faktum«, nämlich was damals genau geschehen ist. Nichts ist auszuschließen und nichts kann behauptet werden über das historische Ereignis, als daß die Israeliten unter göttlicher Führung der Sklaverei entkommen sind und daß das Meer (das Chaos) für sie kein Hindernis war, sondern ihre Rettung, weil ihre Verfolger darin steckenblieben.

Das Problem liegt also nicht in der Bibel, sondern in den Vorentscheidungen unseres Verstehens: Wir geben uns nur mit »Fakten« ab. Wir haben keine Zeit mehr, uns in die ganzheitliche Symbolsprache des Lebens einzufühlen. Wir wollen das Leben beherrschen durch analytische Daten.

Solche Daten (die »Fakten«) bestimmen unsere Welt seit wir vom Baum der Erkenntnis gegessen haben. Vom Baum des Lebens aus betrachtet aber (vom Standpunkt der Autoren der Bibel aus), gibt es keine isolierten Daten, da gibt es nur das freie Wirken des Geists, das sich in naturwissenschaftlichen Kategorien nicht fassen läßt – ja mehr noch: Die naturwissenschaftlichen Kategorien und Fragestellungen sind wie die Streitwagen der Ägypter, die zwar genial konstruiert sind und wunderbar funktionieren, aber doch die Rückkehr des Meeres (des Chaos) und das Ertrinken ihrer Fahrer nicht verhindern können.

Alles in der Bibel ist nur vom Baum des Lebens her zu verstehen. Die Erzählungen lassen sich daher in ihrer Bedeutung nicht fixieren. Sie sind niemals wörtlich im journalistischen Sinn zu verstehen – selbst wenn sie im Kontext eines historischen Geschehens stehen und dem grammatikalischen Sinn nach anscheinend eindeutig ein konkretes historisches Ereignis beschreiben.

Für die biblischen Erzähler ist der »Inhalt« eines heilsgeschichtlichen Ereignisses nicht das dokumentierbare Geschehen, der Inhalt liegt vielmehr in der geistigen Wirklichkeit hinter diesem Geschehen, also auf einer Ebene der Wirklichkeit, die nur in Symbolen beschrieben werden kann.

Ein wissenschaftlich eingestellter Leser – und das sind fast alle Leser unserer Zeit – muß an den biblischen Beschreibungen fast notwendig scheitern. Die Gewohnheit, in naturgesetzlichen, zeitlichen Abläufen zu denken, ist nicht vereinbar mit dem biblischen Denken. Konsequent verfolgt, muß es fast dazu führen, die Bibel insgesamt als altertümlichen Aberglauben über Bord zu werfen – wenn einer nicht sein Bewußtsein spaltet und sich ein irrationales Hintertürchen offenhält.
Aber der Zugang zu jenem Bereich öffnet sich nicht durch irrationale Hintertürchen, sondern nur durch volles und ganzes Akzeptieren des Hier und Jetzt. Erst wenn jemand nicht mehr fragt, wie es weitergeht, erst wenn der Glaube an die Kontinuität der Ereignisse hinfällig geworden ist, können sich die Schranken von Raum und Zeit lösen und alles kann möglich werden. Und da erst sind wir beim Glauben der Bibel.

Damit die Menschen unseres Kulturkreises wieder Zugang finden können zu diesem Glauben, müssen die biblischen Geschichten heute ganz neu erzählt und erklärt werden – und das möchte ich hier tun mit den Auferstehungs-»Berichten« des Neuen Testaments.
Zunächst bleiben wir aber noch im Alten Bund, denn der Ursprung unserer Auferstehungs-Symbolik liegt hier, in einer schweren Zeit unerfüllter Sehnsucht, in der Zeit der Babylonischen Gefangenschaft:

Das zerstörte Israel steht von den Toten auf

(Ez 37, 1-14)

Unzählige waren im Krieg gegen die Babylonier gefallen. Die Überlebenden waren verschleppt worden in die Babylonische Gefangenschaft. Israel war ausgelöscht. Und da empfängt der Prophet Ezechiel dieses visionäre Bild:

1 Es kam über mich die Hand JAHWE's
und er führte mich im Geist hinaus
und versetzte mich in eine Talebene;
die aber war voll von Gebeinen.
2 Und er führte mich ringsum an ihnen vorüber;
und sieh, es waren sehr viele über die Ebene verstreut.
Sie waren ganz vertrocknet.
3 Und er sprach zu mir:
Menschensohn,
werden diese Gebeine wieder lebendig werden?
Ich antwortete: Herr, JAHWE, du weißt es!
4 Da sprach er zu mir:
Weissage über diese Gebeine und sage zu ihnen:
5 Ihr vertrockneten Gebeine, hört das Wort JAHWE's!
So spricht der Herr, JAHWE, zu diesen Gebeinen:
Ich selbst gebe euch Atem, daß ihr lebendig werdet.
6 Und ich lege Sehnen an euch und umgebe euch mit Fleisch
und überziehe euch mit Haut
und ich gebe euch Atem, daß ihr lebendig werdet.
Und ihr werdet erkennen, daß ich JAHWE bin.
7 Und ich weissagte, wie mir befohlen war;
Da entstand ein Geräusch, als ich weissagte,
und sieh, ein Getöse:
Und die Gebeine rückten zusammen, Gebein an Gebein.
8 Und ich sah, und sieh:
Sehnen an ihnen und Fleisch umgab sie
und Haut zog sich darüber;
aber es war noch kein Atem in ihnen.
9 Und er sprach zu mir:
Weissage dem Atem, weissage, Menschensohn,
und sprich zu dem Atem:
So spricht der Herr, JAHWE:
Von den vier Winden komm, du Atem,
und wehe diese Erschlagenen an,
daß sie lebendig werden!

10 Da weissagte ich, wie er mir befohlen hatte,
und der Atem kam in sie
und sie wurden lebendig und standen auf ihren Füßen,
ein sehr sehr großes Heer.
11 Und er sprach zu mir:
Menschensohn! Diese Gebeine, sie sind das ganze Haus Israel!
Sieh, sie sagen: Unsere Gebeine sind vertrocknet
und unsere Hoffnung ist verloren; es ist aus mit uns!
12 Deshalb weissage und sprich zu ihnen:
So spricht der Herr, JAHWE:
Sieh, ich öffne eure Gräber
und lasse euch aus euren Gräbern heraufkommen, mein Volk,
und bringe euch ins Land Israel.
13 Und ihr werdet erkennen, daß ich JAHWE bin,
wenn ich eure Gräber öffne
und euch aus euren Gräbern heraufkommen lasse, mein Volk.
14 Und ich gebe meinen Geist in euch, daß ihr lebt,
und ich werde euch in euer Land setzen.
Und ihr werdet erkennen,
daß ich, JAHWE, geredet und es getan habe,
spricht JAHWE.

Die Israeliten sind ausgelöscht. Die Überlebenden sagen von sich selbst: »Unsere Gebeine sind vertrocknet und unsere Hoffnung ist verloren; es ist aus mit uns.« (V 11).
Die Totengebeine, die Ezechiel sieht, sind also nicht die Gebeine der Individuen, die in den Schlachten gefallen sind, sondern sie sind das Symbol für die zerstörte Hoffnung des Volkes. Und entsprechend ist die Wiederbelebung der Gebeine nicht die persönliche Wiederbelebung der damals Gefallenen, sondern es ist die Wiederbelebung des am Boden zerstörten Volkes Israel – als »Volk Gottes«. Als solches werden sie die Niederlage und die Verschleppung überleben. Wie JAHWE »sein« Volk schon aus Ägypten gerettet hat, wird der »ich bin der ich bin« es auch aus Babylon erretten.

Trotz ähnlicher Formulierungen hat diese Stelle noch nichts gemein mit der späteren Vorstellung von einem Leben »nach« dem Tod. Es geht um die Wiedergeburt eines Volkes und jedes seiner Mitglieder:
Der Prophet Ezechiel sieht in seiner Vision, wie sich der entschwundene Lebensgeist der Israeliten erneut in der Geschichte manifestiert als Geist des Volkes Gottes und wie dieser Geist jedem einzelnen Glied des Volkes zum Mittler wird für seine persönliche Erneuerung.

Die neutestamentliche Vision ist grundsätzlich nicht sehr verschieden von der des Ezechiel, nur rekrutiert sich das Volk Gottes jetzt nicht mehr nur aus einem Stamm. Nicht mehr der Geist eines Volkes ist der Mittler, sondern – und sogar das nimmt Ezechiel schon vorweg – der Geist des Menschen (-sohnes), der dann exemplarisch erschienen ist in der Gestalt Jesu.
Der Geist, der in der Auferstehung Jesu erscheint, manifestiert sich daher nicht mehr in erster Linie kollektiv, sondern individuell und persönlich. Nicht mehr ein Volk ist angesprochen, sondern jeder einzelne Mensch, denn alle müssen auferstehen.
(Fast) alle haben ja durch den Genuß vom Baum der Erkenntnis den Kontakt verloren zu ihrem lebendigen Kern und so sind (fast) alle innerlich abgestorben. Durch das Beispiel Jesu aber kann der Menschensohn in allen von den Toten auferstehen. Seine Hingabe kann den Geist der Hingabe und des kindlichen Vertrauens in jedem Menschen wecken und ihn zurückführen in die Unschuld des Paradieses, zum Baum des Lebens. Das ist die Vision des Evangelisten Johannes:
»Er gab ihnen die Macht, Kinder Gottes zu werden!« (Joh 1, 12).

Es klingt so einfach! Doch wie schwer ist es für uns, unsere Vorstellungen loszulassen und zur kindlichen Unschuld zurückzufin-

den! Fast immer braucht es Situationen der Verzweiflung, damit uns die Augen aufgehen. Die Israeliten brauchten Sklaverei und Gefangenschaft, die Apostel brauchten den Tod ihres Meisters – und wir? Vielleicht brauchen wir etwas ebenso Drastisches! Vielleicht brauchen wir »das Zeichen des Propheten Jona« (Mt 12, 39) – der erst begriff, als ihn das Chaos (in der symbolischen Gestalt des Seeungeheuers) bereits verschlungen hatte!
Es sei denn, wir könnten unsere Welt auf andere Art radikal in Frage stellen lassen – etwa indem wir nachvollziehen, was die Schüler Jesu durchmachen mußten, bevor sie die Auferstehung ihres Meisters erleben durften!
Versuchen wir es!

Wie die Jünger Jesu die Auferstehung erlebten

Das Auferstehungserlebnis der Jünger, die nach Emmaus gingen

(Lk 24, 13 – 35)

Die Ausgangssituation:

Jesus war verhaftet, von der religiösen Führung der Juden als Gotteslästerer abgeurteilt und von der römischen Besatzungsmacht als Aufrührer hingerichtet worden.
Seine Freunde und Anhänger hielten sich aus Angst vor der Polizei versteckt, da sie befürchteten, als Komplizen, ebenfalls verhaftet und bestraft zu werden. Nicht einmal Simon, dem Jesus wegen seiner Verläßlichkeit den Namen »Fels« (Petrus) gegeben hatte, hatte es bei seinen Nachforschungen über das Schicksal seines Meisters gewagt, sich als Sympathisant zu erkennen zu geben.
Die Apostel versteckten sich in einer Wohnung in der Stadt. Andere Schüler Jesu zogen es vor, Jerusalem zu verlassen, weil sie hofften, die Fahndung nach den Mitgliedern der Gruppe um Jesus würde auf die Hauptstadt beschränkt bleiben.
Zwei von diesen Schülern machten sich auf den Weg nach Emmaus, einem Dorf, das zu Fuß in einigen Stunden erreichbar war. Das war am Tag nach dem Sabbat, zwei Tage nach der Hinrichtung Jesu.

Die Begegnung mit dem Fremden

Die Geschichte, die übrigens nur der Evangelist Lukas überliefert, ist in knappster Symbolsprache erzählt. Wenn wir uns die Szenen vergegenwärtigen wollen, muß unsere Phantasie einiges ergänzen – ganz gleich, wie wir die Geschichte verstehen. So hat auch meine Phantasie die kurze Skizze ausgemalt, als ich die Geschichte eines Abends einer Gruppe von Klienten erzählte.

Und diese Erzählung ist für mich zu einem Schlüsselerlebnis geworden, denn plötzlich löste sich ein altes Rätsel. Und an den Gesichtern meiner Zuhörer konnte ich sehen, daß auch ihnen ein Licht aufging. Der diffuse »Glaube« wurde mit einem Mal zur lebendigen Hoffnung.
Sicherlich wird sich das, was uns damals berührt hat, in dieser schriftlichen Form nicht so leicht mitteilen lassen. Aber wenn Sie die Geschichte zunächst einfach wirken lassen, werden sich manche Bedenken am Ende von selbst klären.
Vielleicht war es so:
Bald nachdem die beiden Jünger das Stadttor unbehelligt passiert hatten, holten sie einen einzelnen Mann ein, der vor ihnen in die gleiche Richtung ging. Sie kannten ihn nicht, aber er sah unverdächtig aus und so ließen sie sich auf ein Gespräch ein. Als sie feststellten, daß sie den gleichen Weg hatten, baten sie den Mann, ihnen Gesellschaft zu leisten.
Die Jünger waren erleichtert, als er mitkam, denn nun hatten sie einen Gesprächspartner, vor dem sie ihr Herz ausschütten konnten. Und der Mann war froh, daß er wenigstens bis Emmaus nicht allein gehen mußte.
Natürlich merkte er gleich, daß mit den Beiden etwas nicht stimmte. Sie machten so trübe Gesichter. Vielleicht hat er eine spöttische Bemerkung gemacht, denn einer von ihnen fragte den Mann ziemlich bissig zurück, ob er denn so fremd hier sei, daß er nicht wisse, was vor zwei Tagen in Jerusalem geschehen sei.
Der Fremde hatte keine Ahnung. Also erzählten ihm die beiden Schüler, was geschehen war:
Vor einiger Zeit hatten sie einen Mann namens Jesus kennengelernt und der hatte ihrem Leben eine völlig neue Wendung gegeben. Sie waren fest davon überzeugt gewesen, daß er der prophezeihte Messias war. Sie hatten fest geglaubt, daß er alles verändern würde: Auf alles, was ungut war im Land, hatte er seinen Finger gelegt und alles, was er sagte und tat, war so klar, so selbstverständlich und so menschlich, daß niemand ernsthaft gegen ihn sein konnte. Durch sein Auftreten war es daher nur

eine Frage der Zeit, bis die auf Illusionen aufgebaute Gewaltherrschaft im Land wieder abgelöst werden würde durch das Bewußtsein des »ich bin der ich bin« (JAHWE), wie zu den Zeiten des Mose, bis also »das Reich Gottes« anbrechen würde, von dem Jesus gesprochen hatte. Er hatte allen bereits einen Vorgeschmack darauf gegeben. Er war ein Mensch von solcher Kraft gewesen, daß Kranke gesund wurden, wenn sie ihn nur sahen, daß böse Geister ausfuhren und daß Menschen aus allen gesellschaftlichen Schichten in Massen zusammenströmten, wenn bekannt wurde, daß er irgendwo auftrat.
Aber dann war alles so schnell gegangen. Die Hohenpriester hatten ihn verhaften lassen, ihn nach jüdischem Recht als Gotteslästerer zum Tod verurteilt und ihn dem römischen Statthalter übergeben und der hatte ihn als politischen Aufrührer kreuzigen lassen.
Und nun war ihre Hoffnung zerstört.

Die Erklärungen des Fremden

Der Fremde hatte ihnen aufmerksam zugehört. Es war ihm bereits Verschiedenes über diesen Jesus zu Ohren gekommen und oft schon hatte er sich gewundert, wie wenig die Leute das verstanden, was Jesus tat. Sie hatten keinen Kontakt zur Kraft JAHWE's! Daher konnten sie einen Menschen, der aus dieser Kraft heraus lebte, nicht erkennen. Statt dessen sahen sie entweder gute oder böse übernatürliche Kräfte am Werk. Viele der religiösen Führer, Priester und Schriftgelehrte, erlebten ihn nur als Bedrohung und so behaupteten sie, er wäre im Bund mit dem Bösen. Und die anderen, die von seinen Wundern begeistert waren, sahen genausowenig, was in Wirklichkeit geschah.
Als die beiden ihren Bericht beendet hatten, fragte sie der Fremde, warum es für sie so schwer war, zu verstehen. Wußten sie denn nicht, daß die Propheten seit je her am eigenen Leib erfahren haben, daß das Eintreten für die Wahrheit lebensgefährlich ist? Und

ein Messias, also einer, der im ganzen Volk das Bewußtsein des Bundes mit JAHWE wieder wachrufen wollte, konnte doch nicht so naiv sein zu meinen, er könnte die Mächtigen im Land ungestraft »übertünchte Gräber« nennen und ähnliches mehr.
Und außerdem – ein Messias mußte bereit sein, alles anzunehmen, was Gott, also die Wahrheit, von ihm verlangen würde: Und im Fall von Jesus bedeutete das eben Leiden und Tod.
Der Fremde fragte sie dann, was sie von den Wunderheilungen hielten.
Die Jünger sagten, was fast alle dachten, nämlich daß Jesus über Kräfte verfügt hätte, vor denen Krankheiten und böse Geister die Flucht ergreifen mußten.
Als sie der Fremde fragte, woher denn ihrer Meinung nach die Krankheiten kämen, wußten sie nicht, worauf er hinaus wollte. Es fielen ihnen nur die damals üblichen Erklärungen ein: Der Betroffene mußte gesündigt haben oder seine Eltern oder es müsse sich um eine Prüfung durch Gott handeln.
Als der Mann sie aufforderte, noch etwas tiefer nachzudenken und dabei auch ihre persönlichen Erfahrungen zu Hilfe zu nehmen, erinnerten sie sich schließlich daran, daß Kranke oftmals Menschen waren, die ein schweres persönliches Schicksal zu tragen hatten, daß sie oft schwer beleidigt und verletzt worden waren. Und daß sie durch diese Verletzungen und »Kränkungen« den Glauben verloren hatten an die Kraft ihres Wesens, an den »ich bin der, der ich bin«, an JAHWE.
Den Jüngern dämmerte nun, wie nahe dieser Zustand dem der »Sünde« ist, weil ja auch die Gekränkten ihrer eigenen (göttlichen) Natur entfremdet sind. Außerdem geben sie die Kränkungen, die sie erfahren, fast immer in irgendeiner Form an ihre Nächsten weiter, so daß eine endlose Kette von Kränkungen und Beleidigungen entsteht. Und ohne daß sie es merken, werden sowohl die Gekränkten als auch die Kränkenden in einen Teufelskreis verstrickt, der es ihnen nahezu unmöglich macht, den Kontakt zum eigenen Wesen – und damit zu JAHWE – wiederzufinden.

Über diesen philosophischen und psychologischen Betrachtungen hatten die Jünger schon fast vergessen, worum es eigentlich ging, nämlich durch welche Kraft Jesus die Kranken geheilt hatte. Aber jetzt waren sie auf die einfache Erklärung vorbereitet, die der Fremde für sie hatte:
Jesus hat die Kranken nicht durch irgendwelche magischen oder übernatürlichen Kräfte gesund gemacht, sondern sie wurden gesund, weil sie in Jesus einem Menschen begegneten, von dem keine Kränkung ausging. Im Gegenteil: Er hatte volles Verständnis für die menschliche Schwäche und auch für die Schuld.
In Jesus konnten sich die geplagten Menschen wie in einem Spiegel sehen, der nicht verzerrt. Sie spürten, daß er sie akzeptierte. Bei ihm fühlten sie sich angenommen, ja endlich zu Hause angekommen!
Und das genügt für die Verwandlung. Jesus muß nichts verzeihen, denn es gibt keine Anklage. Er ist ganz mit den Menschen in dem Leid, das sie erfahren, weil sie so weit von sich selbst entfernt sind. Er kennt die Wendungen des Schicksals. Er versteht, wo sie nicht mehr begreifen, was sie selbst und andere tun. Und weil er sie total versteht, können sie sich jetzt auch selbst so annehmen, wie sie sind. Sie haben keinen Grund mehr für Ärger und Trotz. Jede Schuld, jede Verkrampfung löst sich – sogar heute noch.
Der Blick auf Jesus, diesen zutiefst menschlichen Menschen, an dem nichts Unmenschliches mehr haftet, nimmt alles von uns, was uns je belastet hat. In einem Augenblick sind wir schuldlos und frei und unser Glaube ist wiederhergestellt. Jetzt können wir es wagen, uns zu zeigen wie wir sind und damit kann jetzt – in unserer Originalität – »der Menschensohn« erscheinen. Wir sind jetzt nicht mehr abgesondert (d.h. nicht mehr in »Sünde«). Wir sind eins mit unserer Natur, mit JAHWE. Unsere Spaltung ist beendet. Unsere Abwehrkraft ist wieder aufgebaut. Wir sind wieder ganz, heil und gesund.
(Von genau dieser Erfahrung spricht dann auch der Apostel Paulus, wenn er in Röm 8, 11 schreibt, daß »er, der den Chri-

stus erweckt, auch eure sterblichen Leiber lebendig machen wird, wegen seines in euch wohnenden Geists«).
Den Rest besorgt die normale Regenerationsfähigkeit unseres Organismus. Was wir in der Zeit der Kränkungen und der Schuld an Wunden zugefügt bekommen haben, heilt nun – nicht durch Hokus-Pokus und auch nicht unbedingt blitzartig, wie wir uns Wunder immer vorstellen, aber normal, so wie eine Schnittwunde heilt. Und so dauert es eine kleine Weile, dann ist der aussätzige Leprakranke ganz wiederhergestellt.
Diese Erklärung verblüffte die Jünger – »ihr Herz brannte«, wie es im Text unserer Erzählung heißt. Sie begannen nun, Jesus in einem anderen Licht zu sehen. Sie verstanden jetzt mit einem Mal, warum er sich selbst immer wieder »Menschensohn« genannt hatte. In seinem wirklichen Mensch-sein also lag das Geheimnis seiner Kraft. Er hatte immer wieder davon gesprochen, aber sie waren so verhaftet gewesen an dogmatische Vorstellungen über Gott und die Welt, die natürlichen und die übernatürlichen Mächte, daß sie gar nicht hören hatten können, was er sagte.
Die beiden Jünger waren so vertieft in ihr Gespräch mit dem Fremden und all die neuen Einsichten, die sie gewonnen hatten, daß der Weg für sie wie im Flug verging. Sie erreichten Emmaus, als die Sonne gerade untergehen wollte. Der Fremde wollte sich verabschieden, doch sie baten ihn, diesen Abend und diese Nacht bei ihnen zu bleiben. Sie luden ihn ein in ihr Haus und er kam mit.
Sicherlich war das Haus nicht leer, das sie betraten. Wahrscheinlich war es das Haus der Eltern oder das Haus von Freunden der zwei Jünger. Und sicher kannten die anderen Hausbewohner Jesus auch. Die beiden Jünger machten den Fremden also mit ihren Freunden bekannt und sie erzählten ihnen von den neuen Einsichten und so freuten sich alle im Haus über ihren Gast.

Als das Abendessen aufgetragen wurde, kannten sich alle schon ganz gut und alle kannten auch das, was der Fremde über Jesus und seine Wunder gesagt hatte. Und weil der Mann ihnen dieses Verständnis gegeben hatte, wurde er zum Ehrengast und er wurde gebeten, beim Essen den Vorsitz zu übernehmen. Der Fremde zierte sich nicht – und weil das so üblich war, nahm er das Brot, dankte, brach es und verteilte es in der Runde.
»Da gingen ihnen die Augen auf und sie erkannten ihn.«
Alle Anwesenden hatten Jesus gut gekannt und sie alle hatten sich nun stundenlang mit dem Fremden unterhalten und nicht für einen Augenblick war ihnen die Idee gekommen, sie hätten Jesus vor sich. Aber jetzt erkannten sie ihn!
Hat sich der Fremde jetzt plötzlich auf magische Weise in Jesus verwandelt? Hat in diesem Augenblick eine stundenlange multiple Sinnesverwirrung aufgehört, die so stark war, daß sie ihren geliebten Meister nicht von einem Fremden unterscheiden konnten?
Eher wohl hatten die Jünger in diesem Moment eine Wesenseinsicht! Weder hat sich der Fremde plötzlich in Jesus verwandelt, noch waren die Jünger zuvor einer Sinnestäuschung erlegen. Sie waren nur dem »normalen« Mißverständnis über das Leben erlegen und jetzt sahen sie, wie es wirklich war.
In dem Fremden sahen sie »es«, wie sie es zuvor in Jesus gesehen hatten. Die Erleuchtung kam plötzlich, in dem Augenblick, als der Fremde das Brot brach, wie Jesus das so oft in der Mitte seiner Jünger getan hatte:
Da sahen sie Jesus!
Ihre Vision war also nicht das Ende einer unglaublichen und banalen Verwechslung! Und es war auch keine neue Verwechslung. Und sie sahen auch kein Gespenst.
Sie sahen Jesus wirklich – in dem Fremden – aber nur für einen Augenblick, denn gleich darauf »sahen sie ihn nicht mehr«.
Ihr Gast hat sich nun nicht in Luft aufgelöst, sondern die mit der Erkenntnis verbundene Projektion des Bildes Jesu auf den Frem-

den hat aufgehört. Sie war auch nur für diesen einen Moment nötig. Wir kennen solche Momente ja aus eigener Erfahrung, wo plötzlich aus der Er-Innerung etwas auftaucht, durch das uns das Wesentliche am gegenwärtigen Augenblick klar wird.
Plötzlich wußten die Jünger mit jeder Faser ihres Seins, daß Jesus jetzt bei ihnen war, ebenso wirklich wie er es je zu Lebzeiten gewesen war, ja noch wirklicher, denn jetzt waren sie mit ihm in seinem »Reich«, auf seiner Bewußtseinsebene!
Jetzt erkannten sie in dem Fremden das, wofür Jesus gelebt hatte und wofür er gestorben war: das echte Menschsein! Das hatte die Kranken heil gemacht und jetzt heilte es sie selbst! Und ihre eigene Menschlichkeit erschien und zeigte ihnen, daß Gott den Menschen wirklich als sein Ebenbild geschaffen hat.
Jesus wußte das immer schon. Deshalb hat er ganz bewußt als Ebenbild Gottes gelebt. Und deshalb waren in Jesus die göttliche und die menschliche Natur vereint, wie die spätere christliche Theologie es ausgedrückt hat. Aber der Evangelist Johannes zeigt uns in der Einleitung zu seinem Evangelium, daß die Gottebenbildlichkeit nicht auf Jesus beschränkt ist, sondern daß sie für alle Menschen gilt, weil wir ja alle dazu aufgerufen sind, echte Kinder Gottes zu werden.
Die Einsicht der Jünger in Emmaus hat natürlich nichts zu tun mit der späteren theoretischen »Erkenntnis« der Theologen. Die Jünger wälzten keine Theorien. Sie waren wie vom Blitz getroffen. Sie »sahen« mit ihrem ganzen Wesen, daß das, was Jesus war, von keinem Grab festgehalten werden konnte. Sie sahen ihn – in der Gestalt des Fremden. Ihr Bewußtsein befand sich auf einer anderen Ebene – nämlich da wo »der Menschensohn«, das echte Menschsein, in jedem Menschen immer schon da ist und wartet.
Und da »sahen« sie, daß er »auferstanden« war.
Und – daß er in jedem aufersteht, der den »Menschensohn« erkennt.
Vielleicht ist diese Geschichte von den Jüngern, die nach Emmaus gingen, die älteste Auferstehungsgeschichte überhaupt,

vielleicht wurde sie erst später zurückgestuft, um den Aposteln die Ehre zu geben.
Aber es geht nicht um die Frage nach dem Vorrang, sondern darum, daß wir berührt werden, daß wir hier und jetzt verwandelt werden von der makellosen Menschlichkeit Jesu.

Damit wir wirklich berührt werden, vertiefen wir unser Erlebnis jetzt durch die folgende Meditation:

Meditation

Bevor du die Meditation beginnst, setz dich gerade hin und laß dich innerlich zur Ruhe kommen, indem du einfach auf deinen Atem achtest. Wenn du ganz bei dir bist, wende deine Aufmerksamkeit den Jüngern zu, die nach Emmaus gingen:

Laß jetzt die Geschichte, die du eben gelesen hast, nocheimal an dir vorüberziehen. Werde selbst zu einem dieser Jünger. Spüre, wie die Angst dir in den Knochen sitzt zwei Tage nach der Hinrichtung deines Meisters. Fliehe in dieser Angst aus der Stadt, in der möglicherweise auch dir Gefahr droht, verhaftet, gefoltert oder gar getötet zu werden. Spüre die Verzweiflung, nachdem der, auf den du deine ganze Hoffnung gesetzt hattest, umgebracht worden ist. Und in dieser Verzweiflung und Angst geh mit deinem Kameraden, der ähnlich empfindet, in Richtung Heimat. Ihr geht nach Hause, aber wo ist dein Zuhause, da du doch die Erlösung an dir selbst noch nicht erfahren hast und der Einzige, der dir dazu verhelfen hätte können, tot ist? Ihr versucht, einander zu trösten, aber ihr seid untröstlich! Und da trefft ihr einen Fremden, der euch noch eure letzten Illusionen nimmt – und der doch etwas hat, das ihr von irgendwoher in guter Erinnerung habt.
Nach und nach gelingt es diesem Fremden, deine magischen Vorstellungen über die Erlösung aufzulösen. Du hattest gehofft, dein Meister würde dich verzaubern und dich durch seine übernatürlichen Kräfte in so einen Menschen verwandeln, wie er

selber einer war. Und nun zeigt dir dieser Fremde, daß die Wunder deines Meisters keine Wunder in dem Sinn sind, wie du es dir immer vorgestellt hast, sondern daß er die Menschen einfach auf einer ganz tiefen menschlichen Ebene berührt hat, so daß sie von innen heraus von selber heil werden konnten. Und nun beginnst du zu ahnen, worin deine Erlösung bestehen wird, obwohl dir davon noch nichts ins Bewußtsein dringt.
Und nun kommt ihr an an eurem Ziel »zu Hause«, in dem ihr euch wohl nie wieder zu Hause fühlen werdet, nachdem euer Meister nicht mehr ist. Ihr kommt mit schlechter Nachricht und es ist ein großes Glück, daß ihr unterwegs den Fremden getroffen habt. Das macht es euch leichter eurer Familie die schlimme Botschaft mitzuteilen. Durch ihn habt ihr auch eine gute Nachricht, daß ihr nämlich unterwegs schon ein wenig mehr von dem verstehen gelernt habt, was Jesus getan hat.
Und eure Angehörigen werden schon angesteckt von eurer Hochachtung vor diesem Fremden und alle hören ihm voll Staunen zu in der geheimen Hoffnung, daß er ihnen das Unbegreifliche begreiflich machen wird. Auch du hängst an seinen Lippen und gierig trinkst du jedes Wort, das von ihm kommt. Das Essen kommt, aber du hast nur Augen für den Fremden. Und der nimmt das Brot, wie Jesus es immer wieder getan hat, und er bricht es. Und da bricht etwas in dir und in allen anderen. Wie wenn der Damm eines allzuhoch aufgestauten Sees nachgibt, bricht da mit einem ungeheuren Schwall dein ganzer alter Schmerz hervor und reißt die ganze alte Welt mit sich und zurück bleibt ein Haus voller Menschen, die soeben das erfahren haben, woran sie kaum noch hatten glauben können: ihre Erlösung. Und reihum weichen die Tränen dem Lachen und ihr fallt euch gegenseitig um den Hals vor Glück und weil ihr bis oben hin voll seid mit Zuneigung und mit Liebe.
Und in dieser Liebe, das weißt du jetzt, besteht das Geheimnis deines Meisters und nun hast du sie an dir selber erfahren. Nun weißt du, daß er nicht tot ist, sondern daß er lebt. Und mit dieser frohen Botschaft brichst du jetzt wieder auf. Du gehst mit

den beiden Jüngern zurück in die heilige Stadt, um den anderen mitzuteilen, was ihr erfahren habt. Und du siehst: Den Aposteln ist das gleiche geschehen. Zum ersten Mal haben sie das jetzt alleine erfahren. Obwohl ihr Meister getötet wurde, ist er doch mitten unter ihnen – und auch mit jedem von uns.

Atme nun gemeinsam mit ihm. Und mit jedem Ausatmen laß deine alten Schmerzen und Verhärtungen los und sieh wie mit jedem Einatmen das neue, erlöste Leben in dir wächst.

Laß diese Erfahrung jetzt in dir wirken, dann erst geh weiter zum nächsten Abschnitt.

Der ungläubige Thomas
(Joh 20, 24 – 29)

Mit der Geschichte vom ungläubigen Thomas hat der Evanglist Johannes sein Evangelium ursprünglich abgeschlossen. Sie ist daher von ähnlich fundamentaler Bedeutung wie die Einleitung »Am Anfang war der Logos ...«.
Dementsprechend ist diese Geschichte nicht einfach ein Bericht von einem längst vergangenen historischen Ereignis und Thomas ist nicht einfach nur einer von den zwölf Aposteln. »Zwölf« bedeutet ja »allumfassend« und wie die »zwölf Stämme Israels« vertreten auch die »zwölf Apostel« alle Menschentypen. Thomas steht also für eine ganze Kategorie von Charakteren: Thomas, der Ungläubige, das sind wir! Um unsere Verwandlung geht es vom Anfang bis zum Ende des Johannesevangeliums. Johannes beschreibt ja vor allem den Weg, wie die gewöhnlichen, zufällig geborenen und ungläubigen »Kinder des Fleisches« – wir – zu Kindern Gottes werden, wie wir wiedergeboren werden können aus dem Heiligen Geist, wie der Menschensohn in uns uns wieder dorthin zurückbringt, von wo er gekommen ist: in den Himmel.
Ganz ähnlich wie in der Geschichte von den Jüngern, die nach Emmaus gingen, lesen wir auch hier fast nichts über die Krise,

in der sich die Apostel befanden, bevor Jesus in ihrer Mitte erschien.

Fest steht nur, daß sich die Apostel eingeschlossen hatten aus Angst, selbst verhaftet zu werden. Sie waren erschüttert, traurig und hoffnungslos. Tage saßen sie so zusammen und versuchten verzweifelt, zu verstehen, was geschehen war. Sie hatten Jesus so gut gekannt, aber die Tragödie, die sie eben miterlebt hatten, wollte nicht in ihren Kopf. In ihrem Kopf liefen die alten Muster und Projektionen. Sie waren gefangen in ihrer alten Welt, aber darin war es jetzt nicht mehr auszuhalten. Etwas mußte geschehen!

Hätten sie nicht so viel Angst gehabt und wäre es nicht völlig aussichtslos gewesen, angesichts der Übermacht, sie hätten jetzt einen Aufstand gemacht.

Wie sie diese heuchlerischen Priester haßten! Die hielten sich für die Stellvertreter Gottes auf Erden, aber den Menschen, in dem Gott gleichsam persönlich auf Erden erschienen war, den brachten sie um, im Namen Gottes!

Aber warum war Jesus der Gefahr nicht ausgewichen? Was nur mochte ihn veranlaßt haben, sich genau in dem Moment in Jerusalem zu zeigen, als die Priester auf eine Gelegenheit warteten, ihn festzunehmen und zu beseitigen? Er hatte davon gewußt und trotzdem war er direkt in die Falle getappt. Sie konnten es nicht begreifen. Lange waren sie hin und her gerissen von den widersprüchlichsten Gefühlen bevor ihnen klar wurde, daß sie etwas Wichtiges, ja möglicherweise das Wesentliche überhaupt, bis zuletzt nicht verstanden hatten.

Sie beteten um Einsicht, aber die Einsicht kam nicht. Sie ließen daher alles, was sie zusammen mit ihm erlebt hatten, noch einmal an sich vorüberziehen, um den Schlüssel zu dem Geheimnis zu finden.

Besonders die Heilungen beschäftigten sie. Diese übernatürlichen Kräfte, die Jesus gehabt hatte! Nichts, so schien es, wäre ihm unmöglich gewesen. Aber gerade deshalb war doch sein Ende so völlig unbegreiflich!

Er hatte zwar gesagt, daß es so kommen würde und daß er sich entschieden hätte, es geschehen zu lassen – aber sie hatten das damals nicht ernst genommen. Sie hatten gemeint, er spreche nur darüber, was einige der führenden Politiker und Priester ihm gern angetan hätten. Daß es wirklich so kommen würde, hatten sie nicht zu denken gewagt. Es paßte nicht zu ihren Vorstellungen vom Messias.
Und so waren die engsten Vertrauten Jesu jetzt wie vor den Kopf geschlagen.
Und sie erinnerten sich, daß dieses Gefühl nicht neu für sie war, denn er hatte sie von Anfang an immer wieder vor den Kopf gestoßen und ihnen Dinge zugemutet, die für ihre Vorstellungswelt völlig unerträglich waren. Aber damals war immerhin er selbst da gewesen. Er war der lebendige Beweis dafür gewesen, daß das, was er tat, richtig war. Aber jetzt – jetzt war er tot!
Schiere Panik überfiel die Apostel bei dem Gedanken! Am liebsten wären sie schreiend davongelaufen, aber wohin? Sie mußten zusammenhalten und gemeinsam nach einer Lösung suchen!
Sie erinnerten sich an seine Reden. Alles war so klar gewesen. Alle hatten es verstanden. Nur mit den Priestern gab es von Anfang an Schwierigkeiten. Die klammerten sich an den Buchstaben des Gesetzes, den Sinn hatten sie vergessen. Es war einfach herrlich, mitzuerleben, wie er sie immer wieder auflaufen ließ, wenn sie ihm eine Falle stellen wollten mit einer dogmatisch gefährlichen Frage! Immer wieder wollten sie ihn »entlarven« als einen Gesetzesbrecher, ja sogar als Gotteslästerer, aber er durchschaute ihre Absichten sofort und dann stellte er sie so bloß, daß sie am liebsten im Erdboden versunken wären. Es war eine Genugtuung, wenn diese eingebildeten Herren richtig dumm dreinschauten in ihren so säuberlich gebügelten Gewändern!
Aber letzten Endes hatten die nun doch gesiegt. Unter einem fadenscheinigen Vorwand hatten sie ihn verhaften lassen und die Römer hatten ihnen den Gefallen getan und ihn aufgehängt. Wie hatte er das nur geschehen lassen können? Er wußte doch, was da vorging! Natürlich wußte er es. Er hatte ja schon lange zu-

vor gesagt, daß man ihn umbringen würde, aber wie hätten sie das glauben können? Es war nicht zu fassen! Warum nur? Wie konnte er das zulassen? Wie konnte er sie so im Stich lassen?
Ja, nun war es ausgesprochen! Sie fragten gar nicht nach seinem Schicksal, sondern nach dem ihren! Was sollte nun aus ihnen werden? Sie hatten alles verlassen und waren ihm nachgefolgt und nun saßen sie da, ohne ihren Meister! Wie hatte er ihnen das nur antun können? Sie ärgerten sich nun nicht mehr über die Priester, sondern über ihren zu Tode gefolterten Meister!
Diese beschämende Erkenntnis schlug ein wie ein Blitz. Einige begannen zu weinen. Sie beteten zusammen unter Tränen der Scham, aber sie fanden keine Erleichterung. Hatten sie denn alles vergessen? Waren sie dazu drei Jahre lang mit Jesus durch dick und dünn gegangen, um jetzt zurückzufallen in den Zustand, in dem sie waren, bevor sie ihn kennengelernt hatten? Warum waren sie ihm denn gefolgt?
Seine Kraft hatte sie fasziniert. Wie er allen die Wahrheit sagte! Dieses Selbstbewußtsein! Sie hatten davon in diesen Jahren so gut wie gar nichts abbekommen. Woran lag das nur?
Er hatte ihnen seine Heilkraft sogar für eine Weile geliehen, als er sie aussandte, um Dämonen auszutreiben (Mk 6, 7-13). Wenn sie damals in seinem Namen zu einem Besessenen sprachen, sahen sie Wellen der Erschütterung ausgehen von ihren Worten und etwas Fürchterliches löste sich von diesen Menschen. Aber wo waren diese Kräfte jetzt? Jetzt konnten sie sich nichteinmal selber trösten!
Sein Geheimnis hatten sie bis jetzt nicht mitgekriegt!
Vielleicht lag es in der Wärme und Freundlichkeit, mit der er allen begegnete. Aber das war nicht so außergewöhnlich – oder doch? Jedenfalls hatten sie sich immer wieder darüber gewundert, wie freundlich Jesus war – wenn er nicht gerade jemand gegenüber stand, der ihm eine Falle stellen wollte. Ja, er war wirklich unglaublich freundlich! Sogar zu Leuten, die ihnen völlig unmöglich erschienen waren! Wie oft hatten sie sich

darüber geärgert! Wenn sie nur an die Geschichte mit diesem Ausbeuter und Leuteschinder Zachäus dachten, dem Zöllner, wie sie sich gefürchtet hatten, beschmutzt zu werden von dem schlechten Ruf des Mannes, als ihr Meister sie mitnahm in dessen Luxusvilla! Aber Jesus hatte Erfolg mit ihm gehabt, das mußten sie zugeben.

Er war tatsächlich »die Güte und Menschenfreundlichkeit Gottes« in Person. Wie hatte er das nur gemacht? Selbstüberwindung? Es hatte nicht danach ausgesehen. Da war nichts Erzwungenes darin.

Ja, das war ein wichtiger Punkt! Alles, was er tat, war so natürlich! So ohne Berechnung, einfach so. Alles kam bei ihm so leicht, wie von selber. Bedenken kannte er nicht.

Und was er auch tat, auf nichts bildete er sich etwas ein – ganz im Gegensatz zu ihnen. Wie oft hatten sie sich geschämt, wenn er sie anblickte. Immer wieder hatte er sie dabei ertappt, wie sie bei den Leuten mit seiner Bekanntschaft und mit seiner Kraft angeben wollten. Dabei lag gar nichts Vorwurfsvolles in seinem Blick! Im Gegenteil! Ja, das war es ja gerade, was einen so beschämt machte. Er durchschaute einen nicht nur – in seinem Blick war einfach nur Mitgefühl! Es konnte schrecklich sein, dieser Blick! Zum Glück ließ er einen darin nicht zu lange schmoren; er lenkte immer gleich wieder ab, mit einem kleinen Scherz oder sonst irgendwas, was ihm gerade in den Sinn kam.

Warum tat er das, warum machte er die Leute nicht mürbe mit diesem Blick? Er hätte sie alle in die Knie zwingen können. – Vielleicht hatte er das gemeint, als er bei seiner Verhaftung zu seinen Begleitern sagte, sie sollten nicht versuchen, für ihn zu kämpfen, denn wenn er wollte, würde ihm sein Vater auf der Stelle zehn Legionen Engel senden. Mit diesem Blick hatte er die zehn Legionen Engel schon bei sich, aber er setzte sie nicht ein. Statt dessen ließ er sich gefangen nehmen und sogar umbringen! Es war unfaßbar!

»Wenn dich einer auf die linke Backe schlägt, halte ihm auch die Rechte hin!« Genau so hatte er es gemacht. Es war einfach

unmenschlich! Dabei war doch gar nichts Moralistisches an ihm und er war auch kein Asket, ganz im Gegenteil! Was nur mochte ihn zu diesem letzten Schritt bewegt haben?
Das einzige, wovon er sich bewegen ließ, so hatte er immer wieder gesagt, war »der Vater«. Aber woher wußte er denn so genau, was »der Vater« von ihm wollte? Er hatte sogar behauptet, sie wüßten es insgeheim auch und manchmal hatte er es ihnen gezeigt. Es stimmte, sie wußten es; aber wo war dieses Wissen, wenn er es nicht gerade aus ihnen hervorlockte?
Es mußte da sein! Irgendetwas deckte es nur zu! Aber was kann ein solches Wissen zudecken?
Sie wußten es schon, denn es passierte ihnen immer wieder: Angst, Trotz, Beleidigtsein, Angeberei, Erinnerungen, Berechnungen, »ich«, »ich«, »ich«! Tränen traten ihnen wieder in die Augen bei dem Gedanken. Sie waren einfach hoffnungslos selbstsüchtig! Dabei wollten sie doch so gerne selbstlos sein und so wie Jesus nur dem »Vater« folgen!
Aber wie sollten sie denn in Kontakt kommen mit dem »Vater«? Was meinte Jesus denn, wenn er sagte »Ich und der Vater sind eins«? Sie spürten zwar, daß es genau so war – aber trotzdem war es für sie völlig unbegreiflich. Einerseits schien es, als hätte er gar keine eigenen Interessen, keinen Ehrgeiz, keinen Stolz, aber gleichzeitig hatte er so viel Selbstbewußtsein und so viel Kraft! Und seine Treffsicherheit! Er brauchte jemand nur anschauen und schon wußte er genau, was mit ihm los war, auch wenn er ihn noch nie zuvor gesehen hatte.
Mose, so sagte man, hatte sein Wissen von JAHWE. Jesus hatte es von seinem »Vater«. Ob er damit etwas anderes gemeint haben könnte, als sie bisher immer angenommen hatten? Wie konnte ein Mensch eins sein mit dem himmlischen Vater? War Jesus überhaupt ein wirklicher Mensch gewesen?
Klar doch! Schließlich waren sie ja jahrelang mit ihm umhergezogen!
Aber es war doch sehr seltsam: Seine Reaktionen kamen immer so blitzschnell. Da war keine Zeit für eine Zwiesprache mit dem

»Vater«. Woher kam das alles bloß und warum hatte er überhaupt keine Bedenken irgendeiner Art?
Er erschien ihnen zu wundersam, eben nicht vergleichbar mit ihnen selbst.
Aber wenn nur er diese Fähigkeiten erreichen konnte, wozu hatte er dann versucht, ihnen klar zu machen, was er tat?
Ja, das war wohl das Einzige, mit dem er gescheitert war: Er hatte es nicht geschafft, ihnen beizubringen, was das Geheimnis seines Lebens war.
Die Apostel waren erschöpft von all diesen Fragen, vor allem aber deshalb, weil es Fragen ohne Antworten waren. Es war hoffnungslos. Es war so schlimm, daß sie manchmal dachten, das alles wäre gar nicht geschehen und Jesus würde jeden Augenblick zur Tür hereinkommen. Sie war zwar abgesperrt, aber er kannte den Trick. Plötzlich würde er dastehen und wie in alten Zeiten sein »Friede mit euch« sagen und alle würden in Tränen ausbrechen und ihm um den Hals fallen.
Nein, nun waren sie ganz ins Phantasieren geraten! Sie mußten Schluß machen für diesen Tag. Sie beteten nochmals gemeinsam um Einsicht und gingen dann in stille Meditation und einige legten sich schlafen.

Am nächsten Tag waren sie wieder nüchtern. Zuerst mußten sie ohnehin das Nötige erledigen und es wurde Abend, als sie wieder beisammen saßen. Thomas war diesmal nicht dabei, denn er hatte einen Auftrag auszuführen und er war froh um die Ablenkung.
Nach dem Abendessen beteten sie wieder und sie brachen Brot und tranken Wein, weil er doch gesagt hatte, in Brot und Wein würde er immer bei ihnen sein. Aber es tröstete sie nicht. Sie versuchten herauszufinden, welche wichtigen Erkenntnisse es am Vorabend gegeben hatte.
Das Wichtigste, so schien ihnen, war das Einssein mit dem Vater. Warum waren sie denn nicht eins mit dem Vater, was hinderte sie? Auch das hatten sie schon durchgekaut, aber irgendwo da mußte der Schlüssel liegen. Nicht nur seine Kraft,

auch diese unglaubliche Menschlichkeit mußte etwas mit seinem Einssein mit dem Vater zu tun haben.
Schon wieder begann dieses Gefühl der Verwirrung, das sie gestern gehabt hatten, als sie es schließlich aufgaben! Auf dem Weg des Denkens würden sie die Lösung nicht finden. Die Lösung mußte von selbst kommen. »Selig die Trauernden, sie werden getröstet werden.« Sie mußten einfach zugeben, daß sie nicht weiterwußten. Sie mußten zugeben, daß sie in einer schrecklichen Lage waren! Mit all den Gedanken, die sie sich gemacht hatten, hatten sie nur versucht, sich von der Wirklichkeit abzulenken. Sie hatten so getan, als könnten sie aus eigener Kraft einen Ausweg finden! Deshalb hatten sie nach dem Schlüssel gesucht, nach der Methode nach der Jesus vorging. Aber wenn Jesus eine Methode hatte, dann war es keine Methode im üblichen Sinn. Auch er wußte manchmal nicht weiter und dann betete er. Er hatte sich nie gescheut, Hilflosigkeit zu zeigen. Erst vor drei Tagen hatten sie es zuletzt erlebt, als er mit ihnen auf den Ölberg gegangen war. Es war unfaßbar, daß er vor drei Tagen noch bei ihnen gewesen war!
Vor drei Tagen hatte er gezittert und nun zitterten sie! Und sie versuchten jetzt nicht mehr, es zu verbergen.
Ihren Tränen und ihren Gebeten an den Vortagen hatte es vielleicht noch an Ehrlichkeit gefehlt. Aber nun kam echte Trauer. Sie ärgerten sich nicht mehr darüber, daß Jesus sie sitzen hatte lassen und sie ärgerten sich auch nicht mehr über die Priester. Nur noch eines erfüllte ihr Bewußtsein: daß sie mit Jesus alles verloren hatten. Sie wußten nicht mehr ein noch aus. Ein ungeheures Schluchzen erfüllte den Raum, in dem sie saßen.
Sie taten nichts mehr, um die Tränen zu stoppen. Es tat so gut, so völlig hemmungslos zu weinen und zu zittern und zu klagen. Es war so gut. Alles war gut. Sie wußten nicht, wie es geschah, aber nach einiger Zeit war es, als hätte ein Gewitter aufgehört. Die Wolken verschwanden. Die Sonne kam hervor. Und sie wußten: Gott war mit ihnen, jetzt und immer.
Jetzt waren auch sie eins mit dem Vater – wie Jesus.

Und da war Jesus – mitten unter ihnen. Und sie wußten, er würde immer da sein – für sie – und auf ewig – lebendig – bleiben.
Sie waren im Paradies! Sie standen unter dem Baum des Lebens! Und alle Fragen des Vortags beantworteten sich nun wie von selbst.
Das Geheimnis Jesu war: Er hatte nicht von dem verbotenen Baum gegessen!
Und auch für sie gab es jetzt keine Unterscheidung mehr von »gut« und »schlecht«. Sie konnten jetzt sogar verstehen, warum Jesus auf diese Weise in den Tod gegangen war. Es war der Wille des Vaters! Ihm allein war er immer gefolgt. Seine Entscheidungen kamen nicht von Ideen, die ihm jemand mitgeteilt hatte und auch nicht von Erfahrungen, sondern von viel, viel tiefer – sie kamen aus dem Kern seines Wesens. Deshalb war er eins mit Gott und gleichzeitig mit der Welt. Und deshalb hatte er diese Kraft!
Auch sie waren jetzt in Kontakt mit ihrem göttlichen Kern und sie wußten, daß ihre Gerechtigkeit jetzt größer war als die der Schriftgelehrten und Pharisäer. Wie oft hatten sie sich gefragt, wie das möglich sein konnte, wo doch die Schriftgelehrten und die Pharisäer das Gesetz buchstäblich und in allen Einzelheiten befolgten!
Und jetzt fühlten sie auch dieses abgrundtiefe Verständnis, das Jesus hatte für alle menschlichen Schwächen und sie fragten sich nicht mehr, warum er so viel lieber mit denen zusammen war, die ihre Schwächen zeigten, als mit denen, die sie versteckten hinter einer schönen Maske – und warum er die Träger solcher Masken so scharf attackiert hatte.
Und auch die »übernatürlichen Kräfte«, durch die Jesus die Kranken geheilt hatte, waren jetzt für sie ganz natürlich!
Jesus brauchte keine Magie! Er sandte keine mysteriösen Kräfte aus, und er brauchte auch keine solchen Kräfte von seinen Patienten abwehren. Was er tat, hatte überhaupt nichts mit Macht zu tun, denn nichts von dem, was er tat, kam von einer

Absicht – im Gegenteil – alles kam ganz spontan, von selber, aus seinem Innersten.
Und nun sahen sie mit eigenen Augen, warum er zu ihnen gesagt hatte: »Wer mich sieht, sieht den Vater«.
Sie hatten immer gedacht, Jesus habe ein übernatürliches Verhältnis zu Gott oder gar, daß er selbst ein übernatürliches Wesen sei. Und wegen der Wunder, die er tat, waren solche Vorstellungen ganz normal für sie gewesen, aber nun sahen sie, daß sie das »Geheimnis« Jesu völlig mißverstanden hatten:
Jesus war einer wie sie – aber, im Gegensatz zu ihnen, einer, der seiner göttlichen Natur kein Hindernis in den Weg legte. Er war ein echter, ganzer Mensch. Und als ein ganzer Mensch ließ er sich berühren vom Leiden der Menschen. Er ging dem Leiden auf den Grund und er sah, wie es in jedem einzelnen entsteht. Und sie sahen es nun auch.
Die Versuchung, sich ein Bild zu machen vom »Guten« und vom »Schlechten« war die »Saat des Lügners«, des »diabolos« (Mt 13, 39), von der Jesus gesprochen hatte. Die Apostel sahen jetzt, wie diese Saat von Anfang an in jedes Menschenleben gestreut wird, und wie das schon vor der Zeugung beginnt, weil schon die Ahnen vom Baum der Erkenntnis gegessen haben. Denn wie die Vorfahren ihren Konzepten folgen statt dem »Vater«, achten auch ihre Nachkommen das Göttliche nicht mehr in den Wesen und so werden alle verletzt von Anfang an. Und so wächst mit dem Menschlichen das Unmenschliche in uns allen und an manchen Stellen wird das Menschliche ganz erstickt.
Das hat Jesus am eigenen Leib erfahren. Und er hat verstanden, warum es geschieht. Und alle, die ihm begegneten, konnten das spüren. Sie fühlten sich vollkommen angenommen, oft zum ersten Mal in ihrem Leben. Und dadurch sind mit einem Mal alle Beleidigungen und Kränkungen, die sie im Lauf ihres Lebens hinnehmen mußten, von ihnen abgefallen.
Und Jesus hat auch ihre Schuld verstanden: Auch sie kommt ja von den Kränkungen. Sie konnten ja gar nicht verhindern, daß

sie die Schmerzen, die sie empfingen, weitergaben. Ihre innere Spaltung zwang sie dazu. Aber jetzt, als Jesus sie ansah, wurde ihnen der Teufelskreis bewußt, in dem sie gefangen waren. Und indem sie das ganze Verhängnis sahen, versiegte auch plötzlich die Wut, die sie auf alle hatten, die ihnen je Übles angetan hatten, angefangen von ihren Eltern bis hin zu ihren Konkurrenten. Wo blieb da der Ärger, der Trotz, der Haß und die Gier nach Ausgleich für alle unverschuldeten Versagungen?
Erneut traten Tränen in die Augen der Apostel. Es waren Tränen der Freude über das wiedergefundene, unverfälschte Leben.
Sie waren geheilt. Ihre innere Spaltung war überwunden. Es gab keinen Grund mehr für Selbstbestrafung. Keine Zweifel, nichts mehr schwächte ihre Abwehr. Ja, jetzt waren auch sie ganz und heil.
Jetzt wußten sie zum ersten Mal wirklich, was das bedeutet: »Heil«! Sie konnten aufatmen, jetzt und für immer, denn sie hatten die Quelle gefunden – deren Wasser den Durst für immer löscht. Durch Jesus hatten sie jetzt JAHWE entdeckt, den göttlichen Atem in ihnen! Durch Jesus hatten sie sich selbst wiedergefunden. Ja, nach all den Jahren mit ihm – war Jesus erst jetzt *wirklich* bei ihnen!
Kranke waren schon vor langer Zeit heil geworden, aber die Apostel hatten zu der Zeit noch nicht begriffen, was da geschah. Sie waren noch befangen gewesen in ihren Konzepten von »gut« und »schlecht« – und in ihren Verletzungen! Sie konnten die Schranken ihres »Ich« noch nicht sprengen. Sie konnten noch nicht zu sich selbst finden.
Dazu brauchte es mehr, viel mehr.
Die Kranken waren durch ihr Leiden vorbereitet für die Einsicht. Ihre alte Welt war bereits keinen Pfifferling mehr wert. Es gab keinen Ausweg für sie, und daher blieb ihnen auch keine Fluchtmöglichkeit, als sie auf Jesus trafen. Sie mußten sich stellen und sie begegneten – ihrer eigenen Menschlichkeit!

Aber die Apostel waren »gesund«. Sie hatten keinen dringenden Grund sich zu ändern. Und Vorstellungen oder Argumente allein können einen Menschen nicht verwandeln.
Die Vorstellungen sind ja das Problem und die Lösung besteht nicht darin, falsche Vorstellungen durch richtige zu ersetzen, denn es gibt keine richtigen. Das Richtige ist etwas anderes! Es ist bereits da und was es daran hindert, die Führung zu übernehmen, sind gerade die Vorstellungen.
Es braucht einen massiven Ansturm, einen Schock, damit die Barriere der Vorstellungen durchbrochen werden kann. Bei den Kranken tat es die Krankheit, aber wie konnten die Apostel geheilt werden?
Jesus sah, er konnte nicht für immer auf dieser Welt bleiben. Und er hatte bereits alles getan, was möglich war. Andere mußten weiterarbeiten.
Er hatte dem ganzen Volk gezeigt, was ein Leben in Übereinstimmung mit JAHWE bedeutet, welche Kraft davon ausgeht. Er hatte eine Handvoll verläßlicher Leute um sich geschart und er hatte ihnen alles gesagt, was es zu sagen gab. Aber sie hatten nicht verstanden. Nichts von dem, was er gesagt oder getan hatte, hatte ihre Welt zum Einsturz gebracht. Die Metamorphose war nicht eingetreten. Sie hatten ihr Erbe als Söhne Gottes nicht antreten können. Sie waren nicht zurückgekehrt ins Paradies. Die Mission des menschgewordenen Gottes war gescheitert!
Diese Wahrheit mußte jetzt für alle sichtbar zum Ausdruck kommen. Vom Standpunkt »dieser Welt« aus hatte er sein Ziel verfehlt. Die angesagte Revolution hatte nicht stattgefunden. Sein Leben war verwirkt. Und vom Baum des Lebens her war an diesem kritischen Punkt eine Art »Harakiri« verlangt: Jesus mußte einstehen für den nicht durch ihn verursachten Mißerfolg. Er mußte sich einreihen in die Reihen der Gescheiterten, denn sein Himmel war nur möglich, wenn er sich solidarisch zeigte mit den Letzten in dieser Welt: Waren die denn schuld an ihrem Schicksal?

Und was alle Reden, Zeichen und Wunder nicht erreicht hatten – dieser letzte Dienst Jesu an der Wahrheit katapultierte seine Schüler ans Ende ihrer Welt. Selbst mit den besten Unterscheidungen von »gut« und »schlecht«, die sie von ihm übernommen hatten, hatten sie ihr Leben nach seinem Tod nicht mehr meistern können. Trotz hoher und höchster Erkenntnisse waren sie unendlich weit vom unmittelbaren Einssein mit dem Leben entfernt geblieben. Aber jetzt war ihr Weg mit dem Baum der Erkenntnis zu Ende. Eine andere Instanz in ihnen hatte die Führung übernommen: der Menschensohn. Und in ihm hatten sie jetzt den unmittelbaren Kontakt zum Geist, aus dem heraus Jesus immer schon gelebt hatte.
Ohne den Schock, den der Tod ihres Meisters ihnen vermittelt hatte, wäre das nicht möglich gewesen!
Der Tod ihres Meisters führte die Apostel zur Erleuchtung. Durch diesen Schock sahen sie jetzt alles ganz klar. Es war erschütternd!
Erneut brach ein Strom von Tränen aus ihnen hervor. Der Mensch, der da unweit von ihrer Wohnung entfernt in seinem Grab lag, war ihretwegen getötet worden, weil sie seinen Tod brauchten, damit sie sich von den Früchten des Baums der Erkenntnis lösen konnten. Die Apostel zitterten am ganzen Leib. Ihr ganzer Organismus war in Aufruhr. Da war nichts, was sie dagegen tun hätten können und sie wollten auch gar nichts tun, sie ließen es einfach laufen.
So lange hatten sie ihn gekannt und doch war er diese ganze Zeit für sie nicht so lebendig gewesen, wie gerade jetzt, gerade durch seinen Tod. Jetzt, wo sie selbst unter dem Baum des Lebens standen, sahen sie, daß dieser Mensch immer schon da gewesen war!
Die Apostel konnten ihre neue Welt noch nicht ganz fassen. Ihre Tränen flossen weiter und sie wandelten sich erneut zu Tränen des Glücks, denn jetzt war er bei ihnen, in seiner ganzen Wirklichkeit!
Und wie er waren auch sie jetzt vollkommen eins mit dem Leben. Wovor mußten sie Angst haben? Nichteinmal der Tod

konnte ihnen etwas anhaben! Die Kraft, die sie beseelte, war etwas viel Größeres als ihr »Ich«. Und kein Grab konnte dieses Größere festhalten.
Aber sein Tod war notwendig gewesen für sie! Ohne ihn wären sie in ihrem »Ich« geblieben. Jetzt aber waren sie wirklich neu geboren! Und er war mit ihnen, jetzt und für immer!

Aber Thomas war nicht dabei, als das mit seinen Freunden geschah. Und als er wieder mit ihnen zusammentraf, sagten sie ihm nur: »Wir haben den Herrn gesehen.« Thomas konnte das nicht verstehen. Er hatte ja nicht miterlebt, was die anderen durchgemacht hatten. Er war noch gefangen in der Welt seiner Vorstellungen. Deshalb meinte er, sie hätten ein Gespenst gesehen. Und so sagte er, was er von diesem Verständnis aus sagen mußte: »Wenn ich meinen Finger nicht in die Male der Nägel und meine Hand nicht in seine Seite lege, glaube ich nicht.«
Die anderen Apostel hatten Verständnis für diese Bemerkung. Sie wußten nur zu gut, wie hartköpfig sie gewesen waren. Thomas mußte es selbst erleben, um zu verstehen. Und so kam es auch.
»Acht Tage darauf«, sagt die Geschichte – auch um anzudeuten, daß das Gedächtnis an die Auferstehung von da an immer an diesem ersten Tag der Woche gefeiert wurde – »waren seine Jünger wieder versammelt und Thomas war dabei. Die Türen waren verschlossen.«
Die Türen waren verschlossen.
Die Gefahr ist ausgeschlossen. Vertrauen ist möglich. Geheimnisse können jetzt hervorkommen, selbst wenn sie schon sehr lange unter Verschluß gehalten worden sind.
Wir kennen das Geheimnis bereits, aber Thomas kannte es noch nicht.
Als Entspannung eingekehrt war, begannen die anderen Apostel, ihm von ihrem Erlebnis zu erzählen. Sie brauchten ihm nicht zu erklären, daß die Erscheinung kein Gespenst war, er konnte es bald selbst sehen.

Schritt für Schritt kamen sie dem Punkt näher, an dem Thomas dann zusammenbrach. Es geschah ohne jeden Vorwurf. Aber der Blick, mit dem Jesus die Kranken berührt hatte, lag jetzt auf Thomas. Dieser Blick kam jetzt von seinen Freunden.
Er spürte, daß sie bis auf den Grund seiner Seele schauen konnten. Und sein Blick folgte dem ihren: Da lag nun alles vor ihm ausgebreitet, sein ganzes Leben, alle Punkte, an denen er sich verhärten hatte müssen, um sich zu schützen vor den Verletzungen, all die Vorstellungen, die er sich gemacht hatte, um das Spiel mitspielen zu können, und all die Kränkungen, die er weitergegeben hatte, um sich zu beweisen, daß er wer war. Und jetzt, wo das alles offen vor ihm dalag, ergriff ihn ein nie gekanntes und doch so ersehntes abgrundtiefes Verständnis. Er war in einer anderen Welt! Aus einem lebenslangen Alptraum erwacht! Alles, was er bisher für »Leben« gehalten hatte, war offensichtlich eine Illusion gewesen!
Seine Forderung, seine Finger in die Wunden Jesu zu legen! Was für ein Trotz!
Wie er so zurückblickte in seine alte Welt, begann jetzt in Thomas etwas, das später als eine Wirkung des »Heiligen Geistes« bekannt wurde, etwas, das alle Menschen durchmachen, wenn sie auf den Kern ihres Wesens stoßen: Die Sufis nennen es »Dhikr«, die Japaner »Katsugen«, die Evangelien berichten davon in Zusammenhang mit Teufelsaustreibungen und in der Apostelgeschichte erscheint es als Sturm und als feurige Zungen – nämlich die spontane Reaktion des Organismus auf die Befreiung von der eisernen Umklammerung, in die ihn das »Ich« mit seiner Unterscheidung von »gut« und »schlecht« gezwängt hat: Reinigende Konvulsionen und Zuckungen, Brüllen, Jammern, Weinen, Lachen, das äußere Abbild des inneren Vorgangs, wenn eine Welt zusammenbricht und neues Leben geboren wird. Und Tränen am Ende, die die Trümmer der alten Welt fortschwemmen und den Blick freimachen auf den neuen Menschen, auf den »Menschensohn«, in dem Gott auf Erden erscheint.

Und dann war »der Menschensohn«, in dessen Namen Jesus gelebt hatte und für den er gestorben war, auch in Thomas auferstanden, erweckt vom »Vater«, dem Ursprung aller Natur, deren Triebkraft ja von Anfang an die Sehnsucht nach dem vollkommenen Erscheinen des eigenen Wesens ist: JAHWE, ich bin der, der ich bin.
»Mein Herr und mein Gott« war alles, was Thomas da noch sagen konnte. Und er sah, welches Glück es war, wenn jemand seinen Grund entdecken konnte ohne einen derart beschämenden Beweis, wie er ihn verlangt und auch bekommen hatte – und auch ohne den schrecklichen Beweis, den der Prophet Jona gebraucht hatte:
»Selig, die nicht sehen und doch glauben.«

Meditation

Um dein Einfühlen zu vertiefen kannst du den Abschnitt über den Apostel Thomas auch als Meditation verwenden:

Zu Beginn achte wieder auf deinen Atem und laß dich ganz zur Ruhe kommen.

Laß dann die Geschichte vom Auferstehungserlebnis der Apostel noch einmal an dir vorüberziehen, indem du den vorangegangenen Abschnitt in deiner meditativen Ruhe noch einmal liest und auf dich wirken läßt. Erlebe jede Einzelheit als einer der damals Beteiligten.
Und dann geh hinein in den ungläubigen Thomas und erfahre seine Verwandlung an dir selbst.

In den Armen deines Meisters kehre am Ende zurück in die stille Meditation. Laß nun mit dem Ausatmen alles los, was dich von deiner Erlösung trennt und beim Einatmen spüre wie Kraft in dein Zentrum strömt, dorthin, wo jenseits deiner Tränen dein Jubel erwacht.

Pfingsten

(Apg 2, 1-6 . 12f.; Joh 16, 7f.)

Und etwas Derartiges geschah von da an immer wieder, wenn sie sich trafen, und es erfaßte jeden einzelnen und die ganze Versammlung – denn es gab noch so viel an Verkrustetem, das sich erst lösen mußte und das sich immer wieder verfestigte. Dem jüdischen Kalender nach geschah das in den sieben mal sieben Tagen der Erntezeit, die auf das Paschafest folgen. In dieser Zeit sollen nämlich in der inneren Welt die Schalen abgelöst werden, die die Nacktheit verbergen, die vom Baum der Erkenntnis stammt, bis am fünfzigsten Tag der wahre Mensch erscheint. »Der fünfzigste Tag« (Pfingsten) markiert in der jüdischen Überlieferung den Abschied des Menschen aus »dieser« Welt und seinen Eintritt in die Ewigkeit. Und wie Mose vierzig Tage mit Gott war auf dem Berg Horeb, so waren die Apostel »vierzig Tage« mit dem »Auferstandenen«, denn so lange, heißt es, ist er ihnen immer wieder »erschienen«. Danach war das Ferment nicht mehr nötig. Jesus konnte nun »zurückkehren« zum Vater. Die Mauern, die den Geist behindert hatten, waren jetzt abgebaut.
Und »am fünfzigsten Tag« vollendete dieser Geist selbst das Werk und sprengte die letzten Fesseln (Apg 2, 1-6 . 12f.):

1 Als der fünfzigste Tag gekommen war,
befanden sich alle am gleichen Ort.
2 Da kam plötzlich vom Himmel her ein Tosen,
wie wenn ein gewaltiger Wind dahinstürmt,
und es erfüllte das ganze Haus, in dem sie saßen,
3 und es erschienen ihnen aufgespaltene Zungen [Sprachen]
wie Feuer,
und es kam über jeden einzelnen von ihnen,
4 und alle wurden erfüllt von heiligem Atem,
und sie begannen, in verschiedenen Zungen [Lauten] zu reden,
so wie der Geist es sie heraussagen ließ.
5 In Jerusalem aber wohnten Juden,
fromme Männer, aus jedem Volk unter dem Himmel.

[6]Als nun diese Stimme entstand,
strömte die Menge zusammen und war ganz verwirrt,
denn ein jeder hörte sie in seinem eigenen Tonfall lallen. ...
[12]Alle entsetzten sich und waren ratlos.
Die einen sagten zueinander: Was soll das sein?
[13]Andere spotteten: Sie sind voll von süßem Wein.

Waren die Apostel betrunken?
Sie waren außer sich, aber nicht durch Alkohol: Sie waren eben dabei, die letzten Reste ihrer alten Welt abzuschütteln und ihre ersten Schritte zu tun im wiedergewonnenen Paradies – sieben Wochen nachdem sie zum ersten Mal voll bewußt auf ihre eigene Gottebenbildlichkeit gestoßen waren, von der aus sie sehen konnten, daß der Mensch Jesus war wie kein anderer, ein exemplarischer »Sohn« Gottes, »der« Messias, der »Christus« und Erlöser, und daß er lebt, obwohl er gestorben ist.
»Zerteilte Sprachen«, heißt es V. 3, kamen in den Aposteln hoch. Sie redeten »in Zungen«. Sie lallten. Sie erfuhren die Elemente der menschlichen Ursprache. Und jeder konnte sie verstehen (V. 6). Sie erlebten das Wunder, Mensch zu sein, in allen Facetten. Sie konnten es noch nicht ganz fassen. Die Sprachfetzen, Laute, Gefühlsausbrüche, Bewegungen, Zuckungen, die da spontan aus ihnen hervorbrachen, hatten sie seit ihrer Kindheit zurückgehalten hinter einer Barriere aus Angst. Aber jetzt war diese Barriere (des Zeitlichen vom Ewigen her) aufgehoben und alles Angestaute sprudelte hervor. Der ganze Raum, in dem sie waren, war erfüllt von Zucken, Zappeln, Stöhnen, Schreien, Lachen, Lallen, Singen, Tanzen. Wie Kinder ließen sie es laufen und sie genossen es. Die Erschütterungen dieser Tage hatten ihnen nicht nur die Augen geöffnet, sondern ihr ganzes Menschsein! Jetzt waren sie wirklich heil und da mit jeder Faser ihres Seins. Endlich! Mit Fleisch und Blut waren sie Kinder des lebendigen Gottes! Das wußten sie jetzt! Und sie konnten das Göttliche jetzt überall sehen – auch in den Menschen, die ihnen zuvor weit entfernt davon erschienen waren und die selbst

nichts von ihrer verborgenen Natur ahnten. Es war ein Wunder! Alles war ein Wunder! Überall nichts als der Geist!
Sie konnten dieses Wunderbare nicht für sich behalten. Sie mußten hinausgehen und es allen mitteilen, damit alle teilhaben konnten an dem Glück. Und, unfähig zunächst noch, zu sprechen, lallend vor dem Unfaßbaren, traten sie vor die Menge, die vor ihrem Haus zusammengelaufen war wegen der Laute, die sie von sich gegeben hatten. Schließlich gelang es dem Petrus (dem »Fels«), in Worte zu fassen, was sie bewegte. Und der Funke sprang über. »Dreitausend«, so heißt es, begriffen an diesem Tag, was es heißt, ein Kind Gottes zu sein. Und sie ließen ihre Illusionen und ihre Verletzungen von sich abwaschen, d.h. sie ließen sich taufen »auf den Namen« ihres soeben erkannten göttlichen Vaters und »auf den Namen« des göttlichen Sohnes, zu dem ihr Bewußtsein nun erwacht war und der ihnen in der Gestalt Jesu den ursprünglichen Kontakt wieder vermittelt hatte, und »auf den Namen« des göttlichen Geists, von dem allein sie jetzt bewegt wurden.
Die Apostel trafen genau den richtigen Ton. Sie kannten die Situation ihrer Zuhörer. Das gewaltige Gewicht der Illusionen und Schmerzen, das bei fast allen Menschen das göttliche Leben unter Verschluß hält, war ja eben erst von ihnen gewichen. Diese Last war auch für sie so selbstverständlich gewesen, daß sie sie kaum noch bemerkt hatten. Aber der Schmerz über den Tod ihres Meisters war mehr gewesen, als sie tragen konnten. Und da hatte sich das Göttliche in ihnen zur Wehr gesetzt und alle Ver-dammungen abgeschüttelt.

Das Gleiche ist oft vorher geschehen und oft nachher und es geschieht auch heute noch. Seit es Menschen gibt, wird das Ebenbild Gottes immer wieder verschüttet und immer wieder befreit es sich. Und so gibt es in aller Welt seit je her immer wieder Verwandlungen von der Art, wie die Apostel sie damals erlebt haben.

Und wenn du dich dieser Erfahrung nun selbst noch weiter nähern möchtest, kannst du den Übungen folgen, die du am Ende des nächsten Abschnitts findest.

Pfingsten – eine allgemeinmenschliche Erfahrung

Das Pfingsterlebnis der Mutter des Propheten Samuel

Im Alten Testament ist mehrfach die Rede von Situationen, in denen sich die Natur zur Wehr setzt, wo die Illusionen aufhören, weil der Schmerz zu groß ist, wo der Körper in spontanen Entladungen die Wahrheit ans Licht bringt und wo sich eine wirkliche Befreiung ereignet.

Größte Ähnlichkeit mit dem Pfingst-Erlebnis der Apostel hat die Geschichte der Hanna, der ersten Frau Elkanas, die von dessen zweiter Frau jahrelang verspottet wurde, weil »JAHWE ihren Mutterleib verschlossen hatte«. Sie war verzweifelt und ihre Verzweiflung mündete schließlich in einen scheinbar verrückten, spontanen Ausbruch. Und in ihm löste sich die Verschlossenheit der Hanna und sie wurde die Mutter des Propheten Samuel (1 Sam 1, 12-18):

12 Und es geschah, als sie lange vor JAHWE betete,
da achtete der Priester Eli auf ihren Mund.
13 Hanna aber redete zu ihrem Herzen.
Nur ihre Lippen bewegten sich; ihre Stimme war nicht zu hören.
14 Da meinte Eli, sie sei betrunken, und Eli sagte zu ihr:
Wie lange willst du dich wie eine Betrunkene aufführen?
Mach, daß du deinen Rausch los wirst!
15 Aber Hanna antwortete und sagte: Nein, mein Herr!
Ich bin eine betrübte Frau.
Wein und Rauschtrank habe ich nicht getrunken,
sondern ich habe mein Herz vor JAHWE ausgeschüttet.
...
17 Da antwortete Eli und sagte: Geh hin in Frieden!
Der Gott Israels wird dir deine Bitte erfüllen.
18 ...
Und die Frau ging ihres Weges und aß,
und ihr Gesicht war nicht mehr wie sonst.

Ihr Ausbruch zerstört ihre Scheuklappen, die sie bisher davon abgehalten haben, für ihre eigene Wahrheit einzutreten. Jetzt ist sie bereit, den Preis dafür zu zahlen. Jetzt kann sie sich selbst so nehmen, wie sie ist und die anderen wie sie sind. Und von da an ist alles gut.

Eine japanische Übung

Die Menschen, mit denen Derartiges geschieht, haben zuvor alles Erdenkliche versucht, aber vergeblich – denn der Urheber der Befreiung ist nicht »menschliche Anstrengung« oder Leistung, sondern die Natur, »der Geist«, »Gott«. Treffend nennt es der Zen-Patriarch Bankei »das Ungeborene«. Dieses »Ungeborene« lenkt alles im Paradies. Aber selbst die bestüberlegten Maßnahmen können niemand dorthin zurückführen; durch ihre Maßnahmen haben es die Menschen ja verloren. Zur Erlösung braucht es daher etwas, das die Maßstäbe des »Ich« ausschaltet. Dann erst kann der Geist wieder die Führung übernehmen und dann geht es von selbst. Darauf beruht die Wirkung aller Religionen. Alle Völker kennen daher die Ausschaltung (den »Tod«) des »Ich« und die reinigenden Entladungen, die darauf folgen.
In der japanischen Shinto-Tradition ist so eine rituelle Übung entstanden, die diesen spontanen Kehraus unmittelbar zum Ziel hat. Die Übung heißt einfach »spontane Bewegung«, jap. »Katsugen«; (*eine genaue Anleitung findet sich im nächsten Abschnitt*). Wer sich der Übung unterzieht, respektiert jede Regung seines Körpers und suspendiert gleichzeitig jedes (gedankliche) Hindernis. So entladen sich die Spannungen und zurück bleibt ein gelassener Mensch, der eins ist mit sich und der Welt.
Der Reinigungs-Ritus kehrt das gewohnte Verhalten um, das in die Verdammung geführt hat: Seit dem »Sündenfall« setzen die Menschen ja dem Drängen des Geists ein eigenes konzeptionelles Programm entgegen und dieser Widerspruch führt zu den körperlichen und seelischen Verspannungen, die die Arbeit

des Organismus behindern. Wenn ein Mensch diesen Kurs beibehält, folgen Krankheiten. Wenn er die Verspannungen aber losläßt, kommen die darin gebundenen Kräfte in Bewegung, die Starre lockert sich und der zuvor blockierte Mensch kann sich wieder öffnen für die neue Wahrheit jetzt.
Wenn die Wahrheit lange unterdrückt war, kann es im »Katsugen« zu drastisch wilden Bewegungen kommen: Die unterdrückte Natur drängt zur Erscheinung »wie wenn ein gewaltiger Wind dahinstürmt«.

Alte Trance-Riten und moderne Therapieformen

In den Tranceriten anderer Völker gibt es ganz ähnliche Erscheinungsbilder. Und in unserer Kultur finden wir moderne Therapieformen, wie Rebirthing, die auf den gleichen reinigenden Entladungen beruhen. Ähnlich wie Lawinen abgesprengt werden, bevor die Schneemassen zerstörerische Dimensionen annehmen, lösen diese Riten und Therapien die Spannungen, bevor die spontane Entladung des allzulang Unterdrückten eine Katastrophe auslöst, die den Menschen zerstört. *(Eine genaue Beschreibung von Übungen dieser Art findet sich im nächsten Abschnitt.)*

Wodurch diese außerordentlichen Entladungen notwendig geworden sind – oder: Wie die Menschen den Kontakt zum (Heiligen) Geist verloren haben

Außerordentliche Entladungen sind nötig, wenn sich zu viele Lasten angestaut haben. Im Paradies kommt das nicht vor, denn im Paradies bleibt alles im Fluß. Alles geschieht unwillkürlich, spontan, »von selbst«. Getrennt von der paradiesischen Spontaneität aber geht nichts von selbst. Da müssen die Menschen alles, was geschehen soll, »tun«. Und das macht ihr Leben hart und schwer. Und sie beginnen zu klagen und zu fragen, woher das kommt.

Überall auf der Welt sind Menschen dieser Frage auf den Grund gegangen und überall haben sie als Antwort gefunden, daß die Menschen die natürliche Leichtigkeit selbst unterdrücken, indem sie dem »VON SELBST« (»JAHWE«) ihr Urteil über »gut« und »schlecht« (ihr »Ich«) entgegenstellen. So beschreibt es die biblische Geschichte vom Sündenfall und zum gleichen Ergebnis kommt der chinesische Weise Lao-tse (Tao Te King, Kap. 2):

Erst seit auf Erden ein jeder weiß
von der Schönheit des Schönen,
gibt es das Häßliche;
Erst seit ein jeder weiß von der Güte des Guten,
gibt es das Ungute.

Wenn sich Menschen von Konzepten über »gut« und »schlecht« leiten lassen, erheben sie die Welt in ihrem Kopf über das Ganze der Natur. Und indem sie ihre Aufmerksamkeit auf ihre Unterscheidungen richten, verlieren sie das unendlich feine Gespür für das Ganze und für die spontanen Impulse ihrer Natur – in der Sprache der Bibel: Sie wenden sich ab von »JAHWE«.

So erstaunlich das klingt: Indem Menschen nach »dem Guten« streben, verlieren sie das Paradies. Auch wenn sie tatsächlich viel Gutes erreichen und viel Übles vermeiden können, indem sie Konzepten folgen, so bringt dieses Handeln doch gewaltige unerwünschte Nebenwirkungen hervor – in den östlichen Religionen »Karma« genannt. Das konzipierende »Ich« aber, das den Reichtum seiner eigenen Natur verdeckt, kann sich nicht als Ursache seines Mißgeschicks erkennen. Es projiziert den Grund seines Problems nach außen: »Die anderen sind schuld.« Und so folgt nach dem Sündenfall gleich der nächste fatale Ausrutscher: Kain erschlägt seinen Bruder Abel.

Das »gut«-»schlecht«-unterscheidende, sich vom Ganzen separierende »Ich« ist »das Teuflische« – aber dieses »Teuflische« ist nicht einfach nur »schlecht«, es ist auch »gut«, denn Erkenntnis, Unterscheidung und Abgrenzung liegen auf dem Weg des Menschen. Und die »Austreibung des Teufels« macht den Vorgang des »Sündenfalls« nicht rückgängig, sie vernichtet die Erkenntnis nicht, sondern sie treibt die Entwicklung des Bewußtseins voran bis das Ebenbild Gottes sein Urbild sieht »von Angesicht zu Angesicht« (1 Kor 13, 12).

Zunächst aber kommt durch die Unterscheidung von »gut« und »schlecht« ein katastrophaler Aufschaukelungsprozeß in Gang. Es beginnt damit, daß wir die in dem Gedanken an »das Gute« enthaltene Vor-Stellung mit unserer momentanen Situation vergleichen. Und wenn wir in diesem Moment nicht etwas ebenso Angenehmes erfahren, fühlen wir uns frustriert – durch den Vergleich.

Und dann motiviert uns unsere Unterscheidung von »gut« und »schlecht«, die Frustration zu beseitigen. Wir schmieden einen Plan und wir folgen diesem Plan und wir ignorieren dabei erneut die spontanen Eingebungen unserer Natur – und so werden wir letztlich noch mehr frustriert.

Und trotzdem geben wir unsere Unterdrückung des Spontanen weiter an andere Menschen, besonders an die nächste Generation: Plakativ gesagt, Eltern, die »gut« und »schlecht« unterscheiden, können ihr Kind nicht als etwas Göttliches respektieren, wenn es ihnen zur Last fällt. Im Extremfall werden sie es nur noch als unerwünschtes Nebenprodukt ihrer Lust sehen, das sie daran hindert, ihr Leben zu genießen. In jedem Fall projizieren sie viele Frustrationen auf das Kind. Ohne das zu wollen, erzeugen sie in ihm Schmerz, Angst und Zweifel an seiner Lebensberechtigung. Sie verlangen von ihm, daß es nur seine »positiven« Seiten zeigt und daß es alle spontanen Impulse unterdrückt, die für sie unangenehm sind. Und so entsteht in dem Kind die gleiche, fast unüberwindliche Mauer aus »gut«-»schlecht«-Urteilen, die bereits die Welt der Eltern einengt und die ihnen das Leben manchmal zur Hölle macht.

Verschärft wird die Situation durch den erwähnten Aufschaukelungseffekt: Sobald sich ein Mensch nach den »gut«-»schlecht«-Urteilen seines »Ich« richtet, muß er ja der (seiner) Natur zuwiderhandeln, die ihm ein anderes Verhalten nahelegt.

Die Natur (»Gott«) aber frustriert (»bestraft«) nicht-naturgemäßes (nicht-spontanes) Handeln. Der Schmerz der »Strafe« möchte den Handelnden zur Besinnung bringen. Aber in diesem Stadium führt er nur zu größerer Hartnäckigkeit. Das »Ich« »verbessert« seine Urteile und eskaliert den Kampf gegen die Natur – und manövriert sich allmählich in einen Teufelskreis, in dem es sich als ein von allen Seiten eingekreistes unschuldiges Opfer erlebt. Und so kann es schließlich glauben, in ein sinnloses Dasein geworfen zu sein und ein Recht zu haben auf Ärger, Trotz und Selbstmitleid – und oft auch auf offene Aggression. Ärger, Trotz, Selbstmitleid und die daraus resultierende Aggression aber veranlassen den Menschen (uns), zwanghaft Fehler auf Fehler zu häufen und sich immer tiefer zu verstricken in ein »double-bind« von Selbsthaß und Selbstmitleid. Es wird immer schwieriger für ihn, seine Kraft positiv einzusetzen, denn er muß sich dem Leben verweigern. Und so erfährt er immer mehr Schmerzen. Und wenn er die ganze Widersprüchlichkeit seiner Lage nicht endlich ausdrücken kann, braucht er noch mehr Selbstmitleid und Trotz. Die illusionäre Mauer der Konzepte wird immer undurchdringlicher und der betroffene Mensch steuert unausweichlich auf die Katastrophe zu.

Die »Austreibung« des »Teufels«

Die natürliche Konsequenz nach dieser Eskalation der Frustrationen wäre das Erscheinen des »Bösen« in (unserer) Person. Aber unsere Urteile über »gut« und »schlecht« erlauben das meistens nicht. Wir zügeln unseren Trotz an einem gewissen Punkt durch einen moralischen Vorbehalt. Wir glauben, wir könnten es uns nicht leisten, »den Teufel« rauszulassen. Wir haben Angst vor den Reaktionen der anderen. Wir erleiden lieber einen »Nervenzusammenbruch«, als daß wir die Bewegung, zu der unsere Verweigerung drängt, voll in Erscheinung treten lassen. Aber genau deshalb kann sich die Vergeblichkeit unseres Trotzes nicht zeigen. Und deshalb bleiben wir unerlöst – in unserer heutigen Sprache: »Neurotiker«. Und auch die »Psychotiker« können das Böse nur zeigen, indem sie ihr Bewußtsein von der Wirklichkeit abkoppeln. Und selbst Psychopathen und Verbrecher, die das Böse offen erscheinen lassen, entkommen dem Teufelskreis nicht, denn auch sie bleiben befangen in ihren eigenen Urteilen und Projektionen.

Ganz anders ist das in der Welt der Bibel und auch in den anderen Religionen, wo »das Böse« aus den »Besessenen« ausfahren darf. Da wird der spontane Selbstreinigungsprozeß nicht verhindert, sondern ausgelöst. Als Katalysator wirkt der »Meister«, »der« (archetypische) Mensch. Die Begegnung mit ihm (die keine physische zu sein braucht) weckt die urmenschliche Sehnsucht nach dem Heil-sein und mit ihr den vollen Impakt der unterschwellig längst vorhandenen Höllenqual, weil jetzt plötzlich bewußt wird, wie weit der sich selbst bemitleidende Trotzkopf ver-damm-t und vom Ziel dieser Sehnsucht entfernt ist. Das Bewußtwerden dieses Kontrasts ist mehr als jede »Ich«-Kontrolle zu tragen vermag. Die Schranke der Scham hält nicht mehr. Und so kommt es zu einem letzten Ausbruch, in dem sich die ganze gräßliche Bedrohung und Verführung spiegelt, von der die innere Spaltung stammt, und der Abgrund der Entfremdung vom eigenen Wesen (von JAHWE). Die Wahrheit kommt ans Licht und die Natur reinigt sich selbst spontan.

Jesus war so ein Katalysator. Das ungetrübte menschliche Wesen in ihm weckte die Sehnsucht nach echter Menschlichkeit in allen, die ihm begegneten. Einige verhärteten sich zwar daraufhin, bei den Meisten aber lösten sich ganze Lawinen von verklemmten spontanen Bewegungen.

Vor Jesus konnte und brauchte niemand seine Wahrheit verstecken. Er erlaubte allen, sich zu zeigen, wie sie waren. Und einige waren eben zum Platzen voll mit Selbstmitleid und mit Ärger über die Anforderungen und Frustrationen des Lebens. Sie waren »besessen«. Jesus verurteilte sie nicht. Er erlaubte ihnen, ihren »bösen Geist« zu zeigen, trotzig zu sein, sich zu verweigern. Er sagte nicht »das ist schlecht«. Und so kam nun all das heraus, indem »die Besessenen« in ohnmächtiger Wut vor dem Mund schäumend vor Jesus auf den Boden geworfen wurden.

Und damit kam ihr Verhalten an seinen natürlichen Umkehrpunkt. Im unbehinderten Ablauf der Bewegung selbst wurde den »Besessenen« total klar, daß der Weg des Trotzes zu nichts führen konnte als zu immer ohnmächtigerem Aufruhr. Sie verloren daher das Interesse, diesen Weg je wieder einzuschlagen und sie wurden fähig, von nun an ihr Schicksal anzunehmen und ihre Kraft einzusetzen selbst auf die Gefahr hin, daß es manchmal vergeblich sein würde.

Die »normale« Besessenheit – und jenseits der Barriere

Genau das, was manche Menschen zu »Besessenen« macht, trennt auch uns »Normale« vom Paradies. Und das gleiche behinderte sogar die Apostel so sehr, daß es den Tod Jesu brauchte, bevor sie den »heiligen« Geist erfahren konnten: Es ist die konzeptionelle Welt des »Ich«. Es sind die gedanklichen Mauern und ihre Begleiter, Illusionen (»Begierden«, »fremde Götter«), Frustrationen, (zumeist gehemmte) Aggressionen, Selbstmitleid, Trotz.

Die Apostel waren (wie wir) ungeheuer hartnäckige Fälle – nicht umsonst hat Jesus ihrem Anführer den Spitznamen »Fels« gegeben. Aber Jesus war entschlossen, ihre gedanklichen Zwänge zu lösen. Deshalb hat er diesen wahnsinnigen Tod als Verbrecher am Kreuz akzeptiert, zu dem »der Geist« ihn gedrängt hat.

Die Natur, sozusagen, hat damit in ihm ein Beispiel gesetzt, das seither jedem Menschen die Chance gibt, die Barriere seines Trotzes und Selbstmitleids zu überwinden. Und jenseits dieser Barriere liegt das Paradies. Da gibt es keine Bedenken. Da ist der Geist unmittelbar spürbar. Da ist das Leben immer ein Wunder. Jesus war längst jenseits dieser Barriere. Die Konzepte vom Baum der Erkenntnis rührten ihn nicht. Sie zeigten ihm nur mühelos die Motive der Menschen, die zwischen »gut« und »schlecht« wählen. Er selbst ließ sich direkt und ausschließlich vom »Atem der Schöpfung« bewegen, total spontan. Alles, was er tat, stammte unmittelbar vom »Geist«. Er hatte daher nicht die Freiheit zu wählen. Er mußte der Welt jenen grausamen Spiegel vorhalten. Er mußte uns allen zeigen, welche Tragödie durch das Essen vom Baum der Erkenntnis entsteht und daß die Heilung nur aus dem Vertrauen auf den Geist kommt – ja daß das Leben aus dem Geist sogar dann noch besser ist, wenn es in den Tod führt.

Die Reinigung durch das Gericht

Die Menschen außerhalb des Paradieses schrecken vor dem Leben aus dem Geist zurück; es erscheint ihnen allzu riskant. Sie hoffen, daß sie sich durch ihr Wissen um »gut« und »schlecht« das Unangenehme vom Hals halten können. Deshalb vertrauen sie ihren Berechnungen und nicht darauf, daß der Geist sie führt. Aber gerade dadurch werden sie Opfer ihrer eigenen Wertungen: Sie können ihr ehrliches menschliches Empfinden nicht mehr zum Ausdruck bringen. Ihr Wesen kann sich nicht entfalten. Was immer sie erreichen mögen, sie bleiben ständig grundlegend frustriert. Für jeden spontanen Wunsch, den ihre Konzepte verbieten, müssen sie ganz unbewußt und unauffällig ein Hindernis (Hemmung, Fehlleistung, Krankheit, Unfall etc.) installieren, das es ihnen unmöglich macht, sich den Wunsch zu erfüllen. Und schließlich wird sie so ein Mißgeschick sogar umbringen, damit die Konzepte recht behalten – wenn der Schock des Unglücks nicht doch noch die Festung dieser Konzepte (ihr »Ich«) sprengt und sie zur Besinnung bringt. Denn natürlich verschwinden die zurückgehaltenen spontanen Bewegungen nicht einfach, sondern sie erzeugen eben jene inneren und äußeren Spannungen, die den Energiehaushalt des Körpers (und der Natur) aus der Balance bringen und Krankheiten einladen.

So ziehen sich die Menschen, die den Geist nicht zu zeigen wagen, spontan das »Gericht« zu, in dem sichtbar wird, daß sich alles in der Welt nur nach den Gesetzen des Geists richtet und daß wir nicht die Wahl haben, uns ihm zu entziehen.

Dieses Gericht ist das immer gegenwärtige »jüngste« Gericht. In ihm spiegelt sich die gesamte Situation, in der sich ein Mensch befindet und es macht schließlich die totale Vergeblichkeit des Wählens zwischen »gut« und »schlecht« bewußt. Wegen seiner Präzision erscheint es wie das »übernatürliche« Eingreifen eines allwissenden, jenseitigen Gottes, aber es ist etwas ganz Natürliches: Es ist die natürliche Reaktion des Organismus (oder der Natur) auf die bisherigen Einseitigkeiten. Es bringt daher genau die Dinge zum Vorschein, die den »gut«-»schlecht«- Unterscheidungen zuliebe bisher verdrängt worden sind. Und so löst es genau die Erschütterung aus, die nötig ist, um den Panzer des »Ich« zu sprengen.
Und da zeigt sich dann, überraschenderweise, daß wir uns umsonst Sorgen gemacht haben, weil wir immer schon begleitet waren von einem »Beistand«, der uns niemals in die Irre führt, und – daß wir seine Hilfe nur wegen unserer Vor-Urteile nicht annehmen konnten.
Jesus hat diesen »Beistand« angekündigt. Er konnte ihn seinen Schülern aber nicht verleihen, denn der »Paraklet« kann erst kommen, wenn alle anderen Stützen wegfallen. Erst wenn es keine Hilfe von außen mehr gibt und wenn alle Konzepte verstummt sind, erst dann, im vollständigen Dunkel, erscheint die Wahrheit aus der Unmittelbarkeit des Augenblicks. Im Dunkel ist »er« immer da, der ewige Beistand, der »heilige Geist«.
Außer diesem »Geist« gibt es keine gültige Führung – auch nicht durch die Bibel, durch einen Meister, durch Jesus.
Das betont Paulus in Zusammenhang mit dem Gesetz, z.B. Röm 3, 20, und die Buddhisten betonen es in ganz besonderer Weise, indem sie sogar sagen:
»Triffst du Buddha unterwegs, töte ihn!«

Genau aus diesem Grund brauchten die Apostel den Tod Jesu. Erst da, als alle Maßstäbe versagten, konnten sie ge-richtet werden.
Jesus wußte das und, so gut es ging, hat er seine Schüler auf diese Entwicklung vorbereitet (Joh 16, 7f.):

Ich sage euch die Wahrheit: Es nützt euch, daß ich weggehe. Denn wenn ich nicht weggehe, wird der ersehnte Beistand nicht zu euch kommen; wenn ich aber gehe, werde ich ihn zu euch schicken.
Und indem er kommt, wird er die Welt in euch überführen über Sünde und über Gerechtigkeit und über Gericht;

Der brutale Tod ihres Meisters hat die Apostel so schockiert, daß alle Konzepte erlahmten. Nun waren alle Rücksichtnahmen sinnlos. Angesichts dieser Realität versagte die Idee, das Übel vermeiden zu können (die Ursünde). Und das war das »Gericht« für die Apostel. Es löste ihre Halsstarrigkeit. Und von da an wurden sie vom »Geist« geführt. Die ursprüngliche, natürlich-spontane Bewegung setzte sich durch. Alles, was jetzt noch zählte, war die Wahrheit. Schon als sie noch mit Jesus zusammen waren, hatten sie sich nach diesem Beistand gesehnt. Aber zu der Zeit waren sie noch nicht ge-richtet. Jetzt erst war die Hilfe möglich. Und schon war sie da. Seit Pfingsten spürten sie sie. Alle ihre Sorgen waren verflogen und sie wußten mit jeder Faser ihres Seins: Was sie jetzt bewegte, war der Atem des Lebens selbst!

Jenseits des Gesetzes

Zuvor hatten sie nervös nach einem Ausweg gesucht – aber innerhalb ihrer auf die Unterscheidung von »gut« und »schlecht« aufgebauten »Ich«-Welt. Und da hatten sie keine Lösung gefunden. In dieser Welt gab es zwar das religiöse Gesetz, aber das war nicht »der« Beistand. Vielmehr kam mit ihm wie ein Zwang die Gesetzesverletzung (Röm 3, 19; 7, 5. 15 etc.). Das Gesetz war zwar eine große Hilfe, aber es blieb etwas Äußerliches, etwas Übergestülptes; etwas mußte mit ihm immer unberücksichtigt bleiben. Darin besteht ja das ewige Problem der Priester und Schriftgelehrten!

Um auf den lebendigen Beistand zu stoßen, mußten die Apostel zu dem gelangen, was hinter der Oberfläche der Dinge lag. Ihre Welt (»diese« Welt) beruhte auf dem Definierten; dem mußte die Grundlage entzogen werden. Und genau das geschah, als ihr Meister starb. Da ist für sie kein Stein auf dem andern geblieben. Und als die Erschütterung vorüber war, war ihre Welt eine andere. Es war zwar immer noch alles da wie vorher, aber jetzt war alles genau so, wie es sein sollte:

Was sie für die »Krankheit« gehalten hatten, ihre Hilflosigkeit, war die Kur! Ihr Nicht-Wissen zwang sie, ihre Aufmerksamkeit auf einen anderen Bereich zu richten. Und da sahen sie den Geist des Ganzen. Erst als sie nicht mehr ein noch aus wußten, konnte der wirkliche Tröster kommen und sie richten. Und das hat die Tage ihres Leidens (ihre Ver-dammung) abgekürzt (Mt 24, 22).

Der wirkliche Tröster ist die Wahrheit jetzt. Zuvor war sie verborgen gewesen unter den Definitionen. Das »Gesetz« war der Versuch gewesen, etwas von der unschuldigen Kraft ihres Beistands in die Welt der »Erkenntnis« zu bringen. Aber jetzt war das Gesetz nicht mehr nötig, denn jetzt konnten sie selbst alles direkt und unvoreingenommen wahr-nehmen.

Ihre Vor-Stellungs-Fesseln hatten sie daran gehindert, das Leben (und Jesus) zu verstehen. Nun zwang sie Jesu letzte Tat, diese Fesseln abzuschütteln. Und da sind sie geworden »wie die Kinder« (Mt 18, 3) und sie durften eintreten in das Reich Gottes.

Was die Apostel von Ostern bis Pfingsten erlebten, war das Zerreißen der Fesseln ihrer Wahrnehmung. Es war ein schmerzlicher Geburtsprozeß. Durch den Verlust ihres Meisters wurden sie herausgezwängt aus dem Schoß ihrer Weltanschauung, befreit von Urteilen und Meinungen und hineingeboren in die Freiheit derer, die aus der Wahrheit leben, aus dem unmittelbaren Kontakt, aus der Einheit mit allem, aus dem belebenden »heiligen« Geist.

In jedem Menschen gibt es den Drang zu dieser Wiedergeburt. Er äußert sich in der spontanen inneren Sehnsucht nach Wahrheit und nach Einheit. Auch die hektische, »ich«-bestimmte Suche nach dem »Guten« und die Angst vor dem »Schlechten« sind ein Ausdruck dieser Sehnsucht. Allerdings sind wir da noch gebunden von den Fesseln unserer Wahrnehmung. Aber wenn die Vergeblichkeit unseres Wählens uns ans Ende dieser Welt führt, öffnet sich der Geburtskanal ins All-Eine und zur Spontaneität.

Und wo die Menschen nicht mehr unterscheiden und wählen, gibt es auch die Dämme nicht mehr, die sie voneinander trennen.

Und siehe da: Was die Apostel nur lallen konnten, wurde von allen verstanden! Die babylonische Sprachenverwirrung war zu Ende. Die Apostel hatten keinen Grund mehr, den Himmel durch Techniken bezwingen zu wollen. Sie lebten nicht mehr in der Welt, in der die Sprachenverwirrung entstanden war. Sie wollten nichts mehr kontrollieren, nicht mehr vernünftig sein, nicht mehr anderen gefallen – sie wollten nur noch dem Geist folgen, »eins sein mit dem Vater« und darin die »Freiheit der Kinder Gottes« genießen – auch wenn die Leute meinten, sie wären besoffen.

Hingabe

Möglich geworden ist diese Freiheit erst dadurch, daß Jesus freiwillig das auf sich genommen hat, wovor jeder Mensch die allergrößte Angst hat: den Tod.

Der Geist, der ihn dabei geführt hat, war nicht der Geist eines »Himmelfahrtskommandos« und Jesus war auch nicht von dem Wahn besessen, die Menschheit retten zu müssen. Er war erfüllt vom Geist totaler Hingabe: »Wenn ihr glaubt, daß euch dann wohler ist, dann tötet mich!«

So eine Hingabe berührt den jenseitigen Wesenskern der Menschen. Sie weckt den »Menschensohn« (»den HERRN«) in ihnen. Aber die Menschen, die von »dieser« Welt beherrscht sind, fühlen sich von ihm bedroht. Sie töten den »Menschensohn«, um ihr »Ich« zu retten.

Der »Menschensohn« will das nicht vermeiden. Er sucht sich seinen Weg nicht aus.

Er wird allein von der Wahrheit geführt.

Auch Jesus wollte es nicht vermeiden. Er verfolgte keine eigene Absicht.

Aber gerade daß er nichts »tat«, löste eine Erschütterung aus, die fortwirkt »von Äon zu Äon«.

Zu Pfingsten hat das Nicht-Tun Jesu die »Ich«-Welt der Apostel aufgelöst und den »Menschensohn« (das echt Menschliche) in ihnen zum Erscheinen gebracht. Und seither hat sich dieser Prozeß in Unzähligen wiederholt.

Pfingsten?

Wenn die Menschen unseres Kulturkreises von den Pfingstereignissen hören, können sie allerdings kaum noch verstehen, was da geschehen ist. Und das liegt nicht nur an den modernen Zeiten. Die Wiedergeburt aus dem Geist ist etwas Verrücktes und sie ist kaum zu verstehen, bis jemand diese existentielle Krise (das Gericht) und ihre Erschütterungen selbst kennengelernt hat, weil bis dahin die Konzepte der Vernunft das Leben unangefochten dirigieren.

Weil das Denken seit dem Genuß vom Baum der Erkenntnis die beherrschende Stellung einnimmt, ist es möglich, die Impulse jenes anderen »Organs«, aus dem die spontane Bewegung kommt, fast ganz zu verdrängen. Dieses andere »Organ« aber empfängt unsere existentielle Wahrheit »durch den Geist«: Es sieht unsere Ganzheit im Ganzen der Welt.

In dieser Ganzheit aber gibt es nichts Separates, da gibt es nur die eine Bewegung des einen »Geists«. Sein Pulsieren, sein heiliger »Atem«, erfüllt die ganze Schöpfung und lenkt sie seit je her so, daß sich alles in so wunderbarer Weise entwickelt hat. Keines von den Wesen, die schon Milliarden Jahre lang vor den Menschen auf der Erde lebten, mußte sich irgendwelche Gedanken oder Sorgen machen. Alles hat sich ganz von selbst entwickelt durch diesen heiligen Atem, aus dem heraus alles lebt. Erst die Menschen meinen – seit dem Sündenfall – sie müßten alles selbst steuern und sie mühen sich ab – aber sie erreichen damit nie die Qualität der natürlichen Steuerung durch den Geist. Weil sie den Baum des Lebens und das Paradies vergessen haben, bleiben sie dazu verdammt, unter Mühen das nachzuahmen, was eigentlich von selber geht – bis sie durch die Erschütterungen des Gerichts selbst wiedergeboren werden aus dem Geist.

Übungen zum Thema »Pfingsten«

Um wirklich nachzuvollziehen, was die Apostel zu Pfingsten erlebt haben, müssen wir den gleichen Prozeß durchlaufen, den sie damals durchlaufen haben. Wir sind aber in einer ganz anderen Lage und fragen uns daher, ob das für uns überhaupt möglich ist. Es wird möglich, wenn wir vollständig eintauchen in die Szene, die die Apostelgeschichte beschreibt. Wir können uns zwar nicht mit einem bestimmten der damaligen Teilnehmer identifizieren, weil wir zu wenig über sie wissen, aber wir können uns hineinbegeben als wir selbst. Denn auch in uns findet sich all das, was damals in den Aposteln war.

Damit wir uns die Szene vergegenwärtigen können, müssen wir noch mehr über das jüdische Pfingstfest wissen: Man erinnert sich an diesem Fest an den Aufstieg des Mose auf den Berg Sinai, das Wesentliche an Pfingsten aber ist sein Bezug zu Ostern: Es ist der 50. Tag nach dem Pascha (Ostern), d.h. der 50. Tag nach dem Auszug aus Ägypten, der 50. Tag nach dem Abschied von den Fleischtöpfen des Sklavenhauses, der 50. Tag in der Freiheit.

Zum Pascha ist die Entscheidung zur Freiheit, die schon lange gefällt war, endlich in die Tat umgesetzt worden. Und darauf folgen die Tage der Bewährung, die Zeit, in der die Reste der alten Welt abgeworfen werden müssen, damit das neue Leben nicht bloß äußerlich bleibt.

Die Zeit vor dem Schritt in die Freiheit war gewissermaßen die Zeit, in der eine Vision Gestalt angenommen hat und der Schritt selbst ist die Krönung der Vision, aber noch nicht die Freiheit. Die muß jetzt erst errungen werden, denn die alte Weltanschauung sitzt tief und sie kehrt im Alltag immer wieder und macht die Freiheit zunichte. Jeder, der in Exerzitien, Retreats oder anderen spirituellen Erfahrungen die Freiheit an sich erlebt hat, weiß, wie schnell es dann im Alltag darum geschehen ist, wie schnell die alten Verhaltensmuster wiederkehren. Das ist es, was in der Zeit zwischen dem Pascha und Schawuot (Pfingsten) zu bearbeiten ist. Die religiöse Tradition der Juden sieht daher in den 7 x 7 Wochen zwischen Ostern und Pfingsten die Panzerschalen sich lösen, die wir uns in der Zeit unseres Exils zugelegt haben, um uns zu schützen – und sie vergleicht diesen Vorgang mit einem ähnlichen Prozeß, der sich im südöstlichen Mittelmeerraum in dieser Zeit in der Natur vollzieht: Hier lösen sich im Reifungsprozeß die inneren Schalen vom Getreidekorn, so daß es geerntet und verarbeitet werden kann. Zu Pfingsten ist dieser Vorgang gerade abgeschlossen und die erste Ernte ist eingebracht. Am 50. Tag also erscheint das nackte Korn und so erscheint am 50. Tag auch der von seinen Schalen befreite Mensch, aber nicht so wie er im Paradies geschaffen worden ist, sondern bereichert um die Erfahrungen des Sündenfalls und der Erlösung. Übertragen auf die Apostel heißt das: In der Zeit vor Ostern hat sich in den Aposteln durch das Beispiel Jesu eine Vision der Freiheit entwickelt. Den tatsächlichen Schritt in die Freiheit jedoch konnten die Apostel in der Anwesenheit ihres Meisters nicht vollziehen. Seine bereits erreichte Freiheit überstrahlte ihre Vision zu sehr. Deshalb schenkte Jesus ihnen (und uns) den Schock seines Todes, so wie den Israeliten in Ägypten der Schock des Vorübergehens des Todesengels geschenkt worden war, als letzten Anstoß für den konkreten Schritt aus der Todesangst heraus in die Freiheit. Für die Apostel bestand der konkrete Schritt darin, daß das, was Jesus für sie war, in ihnen lebendig wurde und daß damit sie selbst erst wirklich zum Leben erwachten. Das war Ostern. Da erlebten sie ihre Neugeburt. Und nun folgen die 7 x 7 Wochen, in denen sie die alte Welt abschütteln mußten, damit sie die neu gewonnene Freiheit behalten konnten. Wir kennen ja die Gefahr, in der die Hälfte der aus der Sklaverei bereits befreiten Israeliten umkam: die Sehnsucht nach den Fleischtöpfen Ägyptens. Die Apostel sind dieser Gefahr entronnen. In der Zeit zwischen Ostern und Pfingsten haben sie ihre kleine, durch Todesangst behütete »Ich«- Welt abgeschüttelt, und geblieben ist das ursprünglich Menschliche, und das war erfüllt vom Heiligen Geist.

Damit wir das damalige Erlebnis der Apostel nachvollziehen können, müssen wir wie sie mit der Vision unserer Freiheit beginnen.

Meditation: Die Vision der Freiheit

Bevor du versuchst, die Vision deiner Freiheit wachzurufen, setz dich bequem und gerade hin und beobachte einfach nur deinen Atem.

Wenn du innerlich ganz ruhig geworden bist, erinnere dich an das Beispiel von Freiheit, das Jesus dir gegeben hat: Er war an nichts gebunden, außer an den »Vater«, nicht an seine Eltern, nicht an Obrigkeiten, nicht an Freunde, nicht an Vorstellungen von Macht und Wohlergehen, nicht einmal an sein eigenes Leben. Und seine Bindung an den Vater war keine Bindung an irgendetwas außerhalb, es war die Bindung an seine eigene innere Wahrheit.

Und dein Leben, wie sieht es aus in Freiheit? Wovon bist du da gelöst? Und wo findest du deine eigene innere Wahrheit und wie unterscheidest du sie von deinen Vorstellungen? Erinnere dich an die Zeiten und Momente, wo du dieser inneren Wahrheit ganz gewiß gefolgt bist. Was für ein Gefühl war das? Erinnere dich an die Gelassenheit, den Friedens, die Gewißheit, die Einheit mit dir selbst und mit den anderen.

Verweile in Stille an diesem Ort deiner Freiheit und genieße die Gelassenheit jetzt, während du einfach deinen Atem beobachtest.

Wenn es dir aber so geht, wie den Aposteln nach dem Tod Jesu, wenn du traurig und aufgewühlt bist oder einfach deprimiert oder müde oder unverbesserlich faul oder zerstreut, wenn du dich also vergeblich bemühst, die Vision deiner Freiheit wiederzufinden, dann spüre eben dieses Hindernis und laß dich ein auf die folgende Übung:

Meditation: Das Spüren der Verdammung

Wenn du lange vergeblich versucht hast, deine Gedanken zur Ruhe zu bringen, dann mühe dich nicht länger auf diese Weise, sondern schau dir das Hindernis an. Zunächst jedoch schaffe einen geeigneten Rahmen: Setz dich bequem auf den Boden und räume alle harten Gegenstände mindestens im Umkreis deiner Körperlänge aus dem Weg. Es ist gut, wenn du eine weiche Unterlage hast, damit du dich nicht verletzt bei dem, was dann vielleicht kommt. Und es ist gut, wenn du dir erlauben kannst, Lärm zu machen, denn die Verdammung tut weh, und wenn du dir erlaubst, sie zu spüren, dann wundere dich nicht, wenn du plötzlich losbrüllst oder wild um dich schlägst. Wenn es möglich ist, übe das nicht allein, sondern suche dir andere, die auch die Wahrheit sehen möchten, denn alle können ja erst frei sein, wenn sie ihre Wahrheit gesehen und angenommen haben. Für den Fall, daß schlimme Erinnerungen

wach werden sollten, stelle auch sicher, daß jemand in der Nähe ist, bei dem du Geborgenheit finden kannst. Und sorge dafür, daß du genügend Zeit hast, je nachdem wie tief du gehen möchtest, eine oder zwei Stunden oder den ganzen Tag.
Auch Musik kann helfen, besonders Musik, die tiefe Gefühle anspricht und die Sehnsucht nach Erlösung weckt.
Wenn du also den geeigneten Rahmen geschaffen hast, setz dich bequem auf den Boden. Wenn möglich, setz dich auf deine Unterschenkel oder auf ein Kissen.
Und nun, wo du auf alles vorbereitet bist, schau auf das, was dich daran hindert, frei zu sein. Schau dir dein Verhängnis an. Sieh deine Angst. Geh tiefer so lange, bis du bei deiner tiefsten Angst angekommen bist. Und da verweile. Laß sie kommen.
Lauf nicht weg. Schau so lange, bis du sie ganz klar siehst. Und dann laß dich von ihr erfassen. Und drücke sie aus mit jeder Faser deines Seins.
Es kann sein, daß du nun totale Verzweiflung spürst, daß Tränen kommen oder Zuckungen, daß du strampelst oder schreist. Was immer kommt, drück es aus! Halte es nicht länger zurück! Geh nur hinein in deinen Tod, und du wirst verwandelt zurückkehren.
Und dann bedenke: Es gibt ganze Kulturen, die größten Wert darauf legen, daß jedes Mitglied durch diesen Prozeß hindurchgeht und die Todesangst ein für allemal überwindet. Dazu dienen die Übergangsriten. Auch in unserer Kultur gibt es Wege, die Angst zu überwinden und du bist gerade auf einem dieser Wege. Und du brauchst jetzt keine heroische Anstrengung, sondern es gibt einen Ort in dir, an dem die Angst bereits überwunden ist. Finde diesen Ort. Und du wirst ihn mit Sicherheit finden, wenn du in Kontakt bleibst mit deiner Wahrheit.
Erinnere dich auch an das Beispiel der Mutter des Propheten Samuel. Die Befreiung kam, als sie ihre Verzweiflung zum Ausdruck brachte.
Es kann sein, daß du in dieser Übung nicht tief genug gehst und daß du im Selbstmitleid steckenbleibst. Dann kommen endlos

Tränen oder auch Wutausbrüche, immer wieder, und es geschieht keine Befreiung. Dann erinnere dich, daß du im Grund nicht deshalb traurig bist, weil du meinst nicht genug Liebe erfahren zu haben, sondern weil dir die Kraft fehlt, dein Leben dahingehend zu ändern, daß du bekommst, was du brauchst. Erst wenn du das bedenkst, und aufgibst zu erwarten, daß du alles umsonst bekommst, wenn du nur lange genug weinst und schreist, dann triffst du auf dein wirkliches Hindernis, das du bisher als unlösbares Verhängnis betrachtet hast. Und dann kann es sich lösen, denn dann machst du dich selbst bereit, deine ganze Kraft einzusetzen, so gering sie auch sein möge.

Wenn du die Wahrheit deiner Verdammung – und wer kennt sie nicht? – in ihrer ganzen Tiefe mit deinem ganzen Sein ausgedrückt hast, wirst du spüren, daß du an einem anderen Ort bist. Etwas hat dich hochgehoben. Das Hineingehen in den Tod deiner Verdammung, das Annehmen der Wahrheit, was immer sie sein möge, bringt dich auf diese andere Ebene deiner Existenz. Und auf dieser anderen Ebene gibt es keinen Tod. Da gibt es nur das ewige Leben. Und du bist ein Teil davon. Und das spürst du jetzt, ohne jeden Zweifel.

In diesem Augenblick bist du befreit von deinen alten Schranken, doch versuche nicht, das Erlebnis festzuhalten. Nimm dich so wie du bist. Das Abbauen der Mauern braucht Zeit und möglicherweise wirst du noch lange damit beschäftigt sein. Und die folgenden beiden Übungen können dich darin unterstützen:

Übung: Katsugen

Diese Übung habe ich von dem japanischen Shiatsu-Meister und Shinto-Priester Shinmei A. Kishi. Du brauchst dafür etwa zwanzig Minuten bis eine Stunde Zeit.

Es ist von Vorteil, diese Übung nicht allein zu machen, sondern in einer Gruppe. Falls du dazu aber keine Gelegenheit hast, bereite dir, wie oben beschrieben, eine sichere und geschützte

Umgebung, in der auch bizarre Bewegungen und Töne möglich sind.
Um deine Gedanken abzulenken, kannst du im Hintergrund sanfte Musik laufen lassen. Dann setz dich auf deine Unterschenkel oder auf ein Kissen und beginne mit einigen Vorübungen:
Zuerst löse die Spannung in der Magengrube, indem du drei Mal tief einatmest und jeweils beim Ausatmen mit den Fingerspitzen beider Hände in die Magengrube drückst und dich dabei langsam zusammensinken läßt. Am Ende des Ausatmens entspanne plötzlich alle Muskeln und laß dich fallen. Als zweite Vorübung verwinde deine Wirbelsäule beim Ausatmen so stark wie möglich. Hebe dazu deine Arme waagrecht und drehe deine Schultern und deinen Kopf so weit wie möglich. Tu das drei Mal in beide Richtungen und laß am Ende des Ausatmens wieder Arme und Schultern fallen. Als dritte Vorübung hebe deine Hände während des Einatmens hoch, balle sie zu Fäusten und dann presse, indem du die Fäuste nach unten und hinten drückst, die Luft aus dir heraus und am Ende des Ausatmens entspanne Schultern und Arme wieder mit einem Mal total. Wahrscheinlich wirst du nun gähnen. Das ist ein Zeichen der Entspannung. Bleib nun entspannt auf deinen Unterschenkeln sitzen und laß jede Bewegung zu, die kommt.
Sei auf alles vorbereitet! Es können plötzlich sehr wilde Bewegungen kommen und es kann auch sein, daß sich ein Schrei dir entwindet oder daß Tränen fließen. Vielleicht stellt sich aber auch eine sehr sanfte Bewegung ein. Was immer es ist, laß es zu. Wenn du glaubst, es ist genug, schließe die Übung ganz bewußt ab, indem du die Öffnung, die du zu Anfang erzeugt hast, wieder schließt: Atme drei Mal ganz tief durch und am Ende des dritten Males schlage dich selbst ganz fest auf die Schulter. Dann sitz gerade, atme tief ein und beim Ausatmen summe einen Ton und ziehe dann die Muskeln des Unterbauchs ruckartig zusammen, so daß ein harter Panzer entsteht. Genau in diesem Moment schlage mit der Faust darauf und sage: »Sehr gut!« Damit ist die Übung abgeschlossen und dieser Abschluß

verhindert auch, daß du weiter wie ein Betrunkener durch die Gegend wankst.
Es kann gut sein, daß du diese Übung viele Male vergeblich zu machen versuchst. Das liegt daran, daß du noch nicht wagst, zuzulassen, was kommt, oder daß du dir zu viele Gedanken darüber machst. Die eigene ursprüngliche Bewegung zu finden, ist für die meisten von uns sehr schwer, weil wir gewohnt sind, selbst unsere kleinsten Bewegungen zu kontrollieren. Eine Gruppe, die sich gemeinsam im Loslassen übt, kann dir über viele Barrieren hinweghelfen.
Falls du die Übung aber allein machst und nach vielen vergeblichen Anläufen ungeduldig geworden bist, kann dir die folgende Übung, das holotrope Atmen, zeigen, in welche Richtung die Reise geht. Holotropes Atmen solltest du anfangs auf keinen Fall allein praktizieren und das ist auch nicht nötig, weil viele Therapeuten mit dieser Methode arbeiten und auch Gruppen anbieten.

Übung: Holotropes Atmen

Diese Übung stammt von Stanislav Grof. Grof, der zuvor mit LSD gearbeitet hat, ist wegen des Verbots der Droge dazu übergegangen, Hyperventilation zu benützen, um einen Zugang zu den tieferen Schichten des Bewußtseins zu eröffnen. Er hat die Übung »Holotropes Atmen« genannt.
Grof ist natürlich nicht der Erste, der mit dieser Methode arbeitet, sondern die Hyperventilation spielt in den Übungen vieler spiritueller Traditionen seit je her eine große Rolle, z.B. im Pranayama der Hindus und im Dhikr der Sufis.
Das holtrope Atmen kann eine äußerst starke Wirkung haben, deshalb solltest du bei dieser Übung nie ohne Begleitung sein. Außerdem brauchst du wieder einen sicheren äußeren Rahmen. Die Atmosphäre im Raum sollte gut sein, jede Lautäußerung sollte möglich sein und du brauchst eine weiche Unterlage mit etwas Platz drum herum. Du brauchst wenigstens zwei

Stunden Zeit für die Übung selbst und für hinterher solltest du dir nichts Bestimmtes vornehmen.
Zur Vorbereitung gehört auch eine entsprechende Auswahl von Musik, die zuerst stark rhythmisch und laut sein sollte (z.B. afrikanische Trommeln), um dir zu helfen, die notwendige Atemfrequenz und -tiefe zu erreichen, und die dich dann in die in die Tiefe deiner Gefühle führen soll (Trauer, Ehrfurcht, Staunen, Bedrückung, Gnade, Befreiung, Humor etc.).
Wenn du alles vorbereitet hast, lege dich hin; dein Begleiter / deine Begleiterin soll sich neben dich setzen. Atmet zuerst beide ganz normal, aber so daß ihr einen gemeinsamen Rhythmus findet. Damit du während deiner Atemreise nicht zu viel sprechen mußt, vereinbart Zeichen, durch die du ihm/ihr zu verstehen geben kannst, was du von ihm/ihr möchtest. Und du solltest ihn/sie wirklich dazu benutzen, genau das zu bekommen, was du brauchst, sei es einfach nur da sein oder dich in den Arm nehmen, dich massieren, Druck auf dich ausüben, mit dir ringen etc., was immer es ist, was du brauchst, laß es ihn/sie wissen. Und laß dich auch erinnern, falls du vergißt, auf die in dieser Übung vorgeschriebene Weise zu atmen.
Wenn alles vereinbart ist, schließe die Augen, vielleicht sogar mit einer Augenblende, und beginne, auf deinen Atem zu achten. Langsam steigere die Tiefe deiner Atemzüge und dann auch die Frequenz, bis du schnell und sehr tief atmest.
Durch diese Atemtechnik entsteht im Blut eine ungewöhnlich hohe Sauerstoffanreicherung, die dich in einen Trancezustand versetzt, in dem du in sonst verborgene Schichten der Gefühlswelt deines Unbewußten eintauchen kannst.
Manchmal führt die Hyperventilation zu einer Verkrampfung in den Fingern und Händen. Diese kann sehr schmerzhaft sein, ist aber völlig ungefährlich. Der Krampf löst sich schnell, sobald du wieder normal atmest und die Betonung auf das Ausatmen legst. Es ist nicht unbedingt nötig, sich hier hindurchzuquälen, aber umso tiefer du hineingehst, umso schneller löst sich diese Barriere auf. Beim nächsten Mal wird die

Verkrampfung schon weniger stark auftreten, bis sie schließlich ganz wegbleibt.
Sei nicht enttäuscht, wenn sich bei deiner ersten Atemreise nichts besonderes ereignet. Teils liegt es daran, daß Erwartungen eine Spannung erzeugen, die kaum etwas durchlassen, teils brauchen die Barrieren, die das Unbewußte umgeben, einfach Zeit, um sich zu lösen. Jedenfalls wirst du von Mal zu Mal tiefer gehen können. Und an manchen Schlüsselstellen kannst du gewissermaßen deine eigene Geschichte verändern, indem du sie von dem Wissen aus betrachtest, das du jetzt hast. Auf diese Weise werden von dir in der Vergangenheit getroffene Entscheidungen aufgehoben und du kannst dich von alten Unzulänglichkeiten lösen.
Das Wichtigste bei dieser, wie bei den vorangegangenen Übungen ist der Kontakt, den du zu deiner spontanen Bewegung bekommst, und damit auch zu deinem ursprünglichen Charakter. Du kannst dir erlauben, nichts mehr zu verbergen und dich zu zeigen, wie du wirklich bist. Du darfst wieder Kind sein und dir etwas wünschen und es dir holen. Und für eine Weile kannst du dir diese Sensibiltät auch nach der Übung bewahren.
Auf dem Weg zur Wahrheit wirst du jedoch immer wieder auf die Mauer stoßen, in die du dich eingeschlossen hast wegen der vielen Verletzungen, die du erfahren hast. Und immer wieder wirst dich durch diese Mauer hindurcharbeiten, um dann, jenseits dieser Mauer auf den Menschen zu treffen, der du in Wirklichkeit bist, und der ständig darauf wartet, daß du endlich kommst, um mit ihm in die Freiheit zu gehen. Laß ihn erscheinen und tanz mit ihm!
Damit du das von Herzen kannst, laß dich schütteln von den vielen Gefühlen, die du nie zeigen durftest. Laß all das Steckengebliebene, all das Hinuntergeschluckte hochkommen, denn jetzt darf es sein.
Auch bei den Aposteln war es so, daß sich in den 50 Tagen zwischen Ostern und Pfingsten immer wieder all das gezeigt hat, was sie vorher hatten verbergen müssen. 7 x 7 Wochen

waren sie damit beschäftigt, dann waren sie von allem Zurückgehaltenen befreit. Diese 7 x 7 Wochen waren eine Kur für sie, nach der sie wirklich neu geboren waren. Nur so konnte Pfingsten ihr endgültiges Erleuchtungserlebnis werden, von dem an sie als stets neue und freie Menschen durchs Leben gehen konnten. Und wie heutige spirituelle Meister auch konnten sie in diesem erneuerten Zustand nur bleiben, weil sie alles Unwahre immer wieder abschüttelten und stets unerschrocken ihr wahres Gesicht zeigten. Das ist das Geheimnis von Pfingsten.
Der Heilige Geist aber ist nicht erst zu Pfingsten erschienen, er ist immer schon da. Er gehört zur göttlichen Natur des Menschen. Er kann sich aber nur zeigen, wenn du dein wahres Gesicht zu zeigen wagst: Wenn Schmerz, dann Schmerz, wenn Freude, dann Freude, wenn müde, dann müde, wenn dumm, dann dumm, wenn sauer, dann sauer, wenn am Ende, dann am Ende.
Es gibt viele Tode im Leben. Und solange du das Absterben verhindern willst, lebst du ständig in Streß und Angst. Wenn du aber trotz deiner Angst hineingehst in den Tod, kannst du jedesmal eine Auferstehung erleben. Sieh daher jedes Ende als eine Gelegenheit für dich, eine alte Schale abzuschütteln! Und umso öfter du den Tod zulassen kannst, umso klarer wird dir werden, was Auferstehung ist. Und bald brauchst du an nichts mehr festhalten und du kannst tatsächlich dem Heiligen Geist trauen, auch wenn er nicht dort weht, wo du willst, sondern wo er will. Und dann lebst auch du wie die Apostel von Tag zu Tag neu.

Und diese Gelöstheit spüre nun für eine Weile, während du einfach nur auf deinen Atem achtest.

Das Ende »dieser« Welt und das Erscheinen des Menschensohnes

Der Tod Jesu erschüttert die Welt

(Mt 27, 50 – 53)

Nach der Krise der Apostel verstehen wir jetzt auch die archetypische Symbolik der biblischen Szenen vom Weltuntergang und vom jüngsten Gericht:
Es ist die Reinigung vor der Wiedergeburt aus dem Geist.
Die Krise der Apostel ist durch den Tod Jesu ausgelöst worden. Sein Tod war für sie Weltuntergang und jüngstes Gericht zugleich. Und durch ihn haben sie ihre Wiedergeburt aus dem Geist erfahren. Für den Evangelisten Matthäus ist der Tod Jesu daher nicht einfach nur ein historisches Ereignis, sondern ein kosmisches Drama:

50 Jesus aber schrie wieder laut auf. Dann hauchte er den Geist aus.
51 Und sieh, der Vorhang des Tempels riß entzwei
von oben bis unten.
Die Erde bebte und die Felsen spalteten sich.
52 und die Gräber öffneten sich
und die Leiber vieler Heiliger, die entschlafen waren,
erwachten.
53 Nach seiner Erweckung kamen sie aus ihren Gräbern,
gingen in die Heilige Stadt hinein und erschienen vielen.

Damit die Auferstehung geschehen kann, muß die alte Welt zerbrechen: Die Erde bebt, die Felsen spalten sich und – der Vorhang vor dem Allerheiligsten im Tempel reißt entzwei. Der Alte Bund ist zu Ende, denn in Jesus am Kreuz wird das Allerheiligste sichtbar, das wahre Bild Gottes: der echte Mensch. Und das ist der »Christus«, der Messias, der Erlöser, der Herr!
Für diejenigen, die das sehen können, erwachen nun auch viele andere verstorbene Propheten und Heilige zu einem neuen und jetzt erst wirklich begreifbaren Leben. Zuvor waren sie gefan-

gen gewesen in ihren Gräbern, d.h. in dem zu einem »Denkmal« (im Griechischen das gleiche Wort wie »Grab«) erstarrten Verständnis ihrer Worte und Taten. Jetzt erst können sie wieder gesehen werden.

Meditation

Komme zuerst innerlich zur Ruhe. Beobachte für eine Weile nur, wie dein Atem ein- und ausströmt. Dann wende dich der Szene der Kreuzigung zu.

Laß dich berühren von dem, was da geschieht. Und sieh dir die Leute an, die daran beteiligt sind: Jünger, Frauen, die Mutter Jesu, die Soldaten, die anderen Gekreuzigten. Sieh dir das, was da geschieht, mit deren Augen an. Und dann mit deinen eigenen.
Wunderst du dich darüber, daß Jesus das mit sich geschehen ließ? Wenn er ein wirklicher Meister war, dann kann er nicht ein hilfloses Opfer gewesen sein! Was also hat ihn bewegt? Diesem schwer Begreiflichen versuche auf die Spur zu kommen; wage es, dich in sein Erleben einzufühlen und den Geist, aus dem seine Entscheidung kam, in dir zu wecken.
Erinnere dich, wie Jesus schon lange vorher darüber spricht, daß ihm durch die religiösen Führer seines Volkes Schlimmes widerfahren wird, wie Petrus ihn davor bewahren möchte, und wie Jesus ihn daraufhin einen »Satan« nennt, der »nicht Gottes Gedanken denkt, sondern Menschengedanken« (Mt 16,21f.).
Wir alle denken manchmal, wie Petrus in diesem Moment gedacht hat, und dann gibt es auch Momente, wo wir Jesus verstehen.
Werde jetzt ganz zu Petrus. Spüre seine Empörung, und dann empfinde die Reaktion Jesu nach. Was ist das für ein Geist, der aus ihm spricht?
Wenn du die Verwandlung, die die Apostel zwischen Ostern und Pfingsten immer wieder erfahren haben, wenigstens ein Mal im Keim selbst erlebt hast, dann kennst du diesen Geist, diese völlige Hingabebereitschaft, dieses selbstverständliche Da-

sein für das, was im Augenblick notwendig ist. Wenn du diesen Geist aber noch nicht kennst, dann geh zurück zu den vorangegangenen Übungen, oder laß dir jetzt die Wirklichkeit des Todes Jesu voll zu Bewußtsein kommen.
Wenn nötig, lies dazu die Passionsgeschichten und sieh den Menschen, der in diesem Stück nicht nur die Hauptrolle spielt, sondern der es auch inszeniert als eine bewußte Demonstration seines Einsseins mit der Wahrheit des Augenblicks.
Sieh seine Kraft und die Wirkung seiner Tat auf seine Schüler! Sieh, wie sie durch seinen Tod zerrissen werden, wie ihre ganze Welt zerbricht, und sieh, wie sie sich später verhalten: Wie sie plötzlich furchtlos auftreten, wie sie füreinander da sind, wie sie ihre Todesangst überwunden haben. Sieh den Prozeß, der sie verwandelt hat, und empfinde ihn nach.
Die Fesseln, die sie sich durch ihre Weltanschauung angelegt hatten, haben sich unter dem Eindruck seines Todes gelöst. Schau nun auf die Fesseln, die du dir durch deine Weltsicht angelegt hast! Was brauchst du, damit sie sich lösen können? Genügt der Tod dieses Menschen oder müssen erst andere Ereignisse deine Welt erschüttern?
Schau genau hin und sieh, was du unbedingt festhalten zu müssen glaubst; und dann erinnere dich, was Jesus von dem Allerheiligsten sagt, dem Tempel: »Kein Stein wird auf dem anderen bleiben«. Erst wenn sich das Allersicherste aufgelöst hat, kann die Erlösung kommen.
Als das Allersicherste gilt uns normalerweise, daß das Leben der höchste Wert ist, der um jeden Preis geschützt werden muß. Laß dir diese Ideologie von Jesus nehmen, laß deine Welt durch seinen Tod erschüttert werden und mache dich bereit für das, was die Wahrheit jetzt von dir fordert.

In dieser Bereitschaft kehre jetzt zurück zu deinem Atem. Und mit dem Ausatmen laß alles los, was dich festhält und wenn der Atem wiederkommt, erlaube dir erfüllt zu werden von der Wahrheit des Augenblicks.

Der Tod Jesu hat damals die alte Welt seiner Schüler gesprengt und er spaltet immer noch die Felsen in der Welt aller Menschen, denen zum Bewußtsein kommt, was es mit diesem Jesus auf sich hat.
Dieses zum-Bewußtsein-Kommen ist immer ein wirklicher Weltuntergang – der Untergang der persönlichen Welt des Betroffenen. Da bleibt kein Stein auf dem anderen. Alles, was wir bisher für wertvoll gehalten haben, alle Ziele, alle Vorstellungs- und Glaubenssysteme, alles bricht zusammen. Es war nur Illusion, »Maya«, wie die Hindus sagen.
Und jetzt kann alles von einem neuen Standort aus betrachtet und geordnet werden nicht mehr unter der Führung des »Ich«, sondern unter der Führung des Geists, der so lange begraben war unter den Gedanken-Gebäuden.
Jesus wußte, daß es so geschehen würde. In seiner Rede über die Endzeit hat er diese Verwandlung angekündigt. Und sie ist für viele gekommen, aber nicht für alle, denn es gibt immer auch die, die noch zu sehr an ihren Vorstellungen hängen, die noch nicht bereit sind für die Neugeburt aus dem Geist! Sie möchten das Bild vom Weltende nicht auf sich und ihre »Ich«-Welt beziehen. Und wenn sie schon sterben müssen, möchten sie wenigstens, daß alle anderen mit ihnen sterben. Und so verstehen sie die Endzeit- Bilder Jesu nicht subjektiv, sondern objektiv, wie eine journalistische Prognose über ein Ereignis, das diesen Planeten zerstört:

Die Rede über die Endzeit
(Mk 13, 1 – 33)

1 Und als Jesus aus dem Tempel herauskommt,
sagt einer seiner Schüler zu ihm:
Meister, sieh, was für Steine und was für Bauten!
2 Und Jesus sagte zu ihm:
Siehst du diese großen Bauten?

Hier wird kein Stein auf dem anderen gelassen,
der nicht zerstört würde.
3 Und als er auf dem Ölberg saß, dem Tempel gegenüber,
befragten ihn Petrus, Jakobus, Johannes und Andreas
für sich allein:
4 Sag uns, wann wird das sein, und was ist das Zeichen,
wann das Ende von all dem erreicht sein wird?
5 Jesus aber begann, zu ihnen zu sagen:
Seht, daß euch nicht einer irreführt!
6 Viele werden in meinem Namen kommen und sagen: Ich bin es!
Und sie werden viele irreführen.
7 Wenn ihr dann von Kriegen hört und Nachrichten über Kriege,
laßt euch nicht erschrecken!
Das muß geschehen (Dan 2,28). Es ist aber noch nicht das Ende.
8 Denn Volk wird sich gegen Volk erheben (Jes 19,2)
und ein Reich gegen das andere.
Und an Orten wird es Erdbeben geben und Hungersnöte.
Das ist der Anfang der Geburtsschmerzen.
9 Ihr aber, schaut auf euch:
Sie werden euch an Gerichte ausliefern
und in Bethäusern wird man euch die Haut abziehen;
und vor Herrscher und Könige werdet ihr gestellt werden
meinetwegen,
zum Beweis für sie.
10 Aber zuerst muß die gute Botschaft zu all den Völkern gebracht
werden.
11 Und wenn sie euch vorführen und ausliefern,
dann sorgt euch nicht im Voraus, was ihr sagen sollt;
sondern was immer euch in jener Stunde gegeben wird,
das sagt! Denn nicht ihr seid es, die reden,
sondern der Geist, der heilige.
12 Und ein Bruder wird den Bruder in den Tod schicken
und ein Vater das Kind (Mi 7,6),
und Kinder werden gegen Eltern aufstehen
und sie werden sie töten.

13 Und ihr werdet von allen gehaßt werden
wegen meines Namens;
wer aber durchhält bis ans Ende, der wird gerettet werden.
14 Wenn ihr aber den Greuel der Verwüstung an dem Ort seht,
wo er nicht stehen darf (Dan 9,27; 1 Makk 1,45) –
der Leser begreife –,
dann sollen die in Judäa in die Berge fliehen;
15 der auf dem Dach, soll nicht herabsteigen und hineingehen,
um etwas aus seinem Haus mitzunehmen;
16 und der auf dem Acker soll nicht nach rückwärts umkehren,
um sein Gewand zu holen.
17 Wehe aber den Schwangeren oder den Säugenden
in jenen Tagen.
18 Und betet, daß es nicht im Winter geschieht.
19 Denn jene Tage werden eine Schikane sein,
wie es noch nie eine gegeben hat,
von Anfang der Schöpfung, die Gott schuf, bis zum Jetzt
und wie es nie geschehen möge (Dan 12,1; Joel 2,2).
20 Und wenn der Herr diese Tage nicht abgekürzt hätte,
dann würde alles Fleisch nicht gerettet werden;
aber wegen der Auserwählten, die er auswählte,
hat er die Tage abgekürzt.
21 Und dann, wenn einer zu euch sagt:
Sieh, hier ist der Messias! Sieh, dort! Glaubt es nicht!
22 Denn es werden falsche Messiasse und falsche Propheten
auftreten,
und sie werden Zeichen und Wunder tun,
um, wenn möglich, die Auserwählten irrezuführen.
23 Ihr aber, seht! Ich habe euch alles vorausgesagt.
24 Aber in jenen Tagen, nach der großen Not,
wird die Sonne verfinstert werden,
und der Mond wird seinen Schein nicht mehr geben;
25 und die Sterne werden aus dem Himmel fallen
(Jes 13,10; Joel 2,10; Hag 2,6.21),
und die Kräfte in den Himmeln werden erschüttert werden.

26 Und dann werden sie den Sohn des Menschen
in Wolken kommen sehen
mit viel Kraft und Herrlichkeit (Dan 7,13; Offb 1,7).
27 Und dann wird er die Engel aussenden
und er wird die Auserwählten zusammenführen
aus den vier Windrichtungen (Sach 2,10),
vom Ende der Erde bis zum Ende des Himmels.
28 Lernt aus dem Vergleich mit dem Feigenbaum!
Sobald seine Zweige saftig werden und Blätter treiben, wißt ihr,
daß der Sommer nahe ist.
29 Genauso sollt ihr erkennen, wenn ihr das geschehen seht,
daß das Ende vor der Tür steht.
30 Amen, ich sage euch:
Diese Generation wird nicht vergehen, bis das alles eintrifft.
31 Der Himmel und die Erde werden überholt,
meine Worte aber werden nicht überholt.
32 Doch jenen Tag und jene Stunde kennt niemand,
auch nicht die Engel im Himmel, auch nicht der Sohn,
sondern nur der Vater.
33 Seht, schlaft nicht!
Denn ihr wißt nicht, wann die Zeit da ist.

Markus hat diese Rede unter dem unmittelbaren Eindruck der Zerstörung Jerusalems durch die Römer aufgeschrieben und die historischen Anklänge haben viele Generationen von Christen zu Spekulationen angeregt über die Zukunft der Welt. Aber sie haben sich damit nur abgelenkt davon, betroffen zu werden. Jesus war kein Zukunftsforscher. Vielleicht hat er mit einer Zerstörung Jerusalems und des Tempels durch die Römer gerechnet, aber sicher ist es ihm in seiner Rede nicht um die Vorhersage der weiteren politischen Entwicklung gegangen und auch nicht um eine historische Aussage über das Ende dieses Planeten. Im Einklang mit der alten biblischen Tradition benützt er vielmehr die »Fakten« des politischen Wandels als archetypische Gleichnisse für das Kommen des Reiches Gottes. Seine Rede handelt also nicht von etwas, das wenige Jahre nach seiner Zeit stattgefunden hat, oder von etwas, das in ferner Zukunft stattfinden wird, sondern es geht um uns jetzt. Jesus beschreibt den archetypischen Prozeß unserer Wiedergeburt aus dem Geist.

Das erste Bild, das er in seiner Rede über die Endzeit gebraucht, ist das von der Zerstörung des Tempels. Kein Stein wird auf dem andern bleiben. Jedes Gebäude wird zerstört werden, auch das eindrucksvollste und heiligste.

Würde Jesus nur das physische »Tempel«-Gebäude meinen, so wäre seine Aussage banal, aber es geht ihm um das, was dahinter steht, das Gedankengebäude. Gerade das muß niedergerissen werden vor der Neugeburt. Der Prozeß der Verwandlung beginnt damit, daß alle Maßstäbe und alle Konstruktionen zerbrechen. (1f.)

Dann aber gibt es keine Orientierung mehr. Deshalb fragen die Jünger nach den Anzeichen für das bevorstehende Ende dieser Welt (des »Ich«). (4)

Vielleicht denken die Jünger bei ihrer Frage auch an ein äußerliches Ereignis, doch Jesus zeigt ihnen gleich, daß es um eine andere Dimension geht. Er warnt sie: Wenn »der Tempel« nicht mehr existiert, dann zählt nur noch das ursprünglich Menschliche, das Bewegtwerden vom Geist, aber das ist oft schwer zu unterscheiden von Imitationen. Es gibt viele, die im Namen Jesu oder im Namen der Menschlichkeit oder auch im Namen der Spontaneität auftreten und sie führen viele in die Irre. (5f.) Und nocheinmal weist er darauf hin, daß es nicht um ein äußerliches Ereignis geht: Katastrophen, Kriege, Erdbeben, Hungersnöte deuten nicht auf das Ende, von dem er spricht, denn diese Katastrophen gehören von je her zum Lauf der Welt. Die Sorgen darüber bilden allerdings oft den Anfang der Wiedergeburtswehen. Sie bieten zunächst eine Fluchtmöglichkeit. Und darin liegt eine Gefahr. Wir wissen ja, wie leicht wir uns vor der Auseinandersetzung mit uns selbst drücken können, indem wir uns mit den Problemen anderer beschäftigen, wie gern wir uns anderen aufdrängen und das als »Nächstenliebe« tarnen oder gar als »Hören auf den Geist«. Usw..

Es braucht oft sehr lange, bis einem Menschen bewußt wird, daß die Menschlichkeit, nach der er sucht, nichts zu tun hat mit irgendwelchen Vorstellungen oder mit institutionalisierten Formen von »Menschlichkeit« (vgl. dazu auch Lao-tse, Kapitel 31). (7f.)
Den Schülern Jesu aber, die die ursprüngliche Menschlichkeit, den »Menschensohn«, bereits gefunden haben, auch ihnen stehen noch Prüfungen bevor. Sie werden Anstoß erregen, vor Gerichte geschleppt und und in Gotteshäusern gefoltert werden. Inmitten äußerster Unmenschlichkeit soll sich durch sie der Geist echter Menschlichkeit zeigen. Vor Herrschern und Königen sollen sie ihn bezeugen. (9)
Aber bevor sie sich an die Herrscher wenden, müssen sie die frohe Botschaft »den Völkern« (der Bevölkerung) mitteilen. (10)
Sie brauchen keine Angst haben, denn sie werden geführt von diesem Geist. Auch wenn sie den Weg noch nicht sehen können, er wird ihn ihnen rechtzeitig weisen. (11)
Aber nicht nur die Jünger Jesu, alle werden durch Leiden geprüft und geführt. Und wer durchhält bis ans Ende, wird das Erscheinen des »Menschensohnes« erleben. Er/sie wird zu Lebzeiten wiedergeboren werden aus dem Heiligen Geist. (13)
Durchzuhalten ist aber nicht leicht, denn die Wehen vor der Wiedergeburt sind so schlimm, daß Brüder ihre Brüder, Väter ihre Kinder und Kinder ihre Eltern in den Tod schicken. Weil sich die Menschen von Vorstellungen beherrschen lassen (von »fremden Göttern«), sind sie ihrer eigenen Natur entfremdet. Sie haben die Verbindung zum Ganzen verloren; sie sind innerlich gespalten; und so zerstören sie gerade das, was ihnen am nächsten ist, ihr eigenes Fleisch und Blut. Weil sie dem Schein glauben, machen sie sich und ihre Umwelt kaputt. (12)
Das Scheusal der Zerstörung kommt also, weil die Menschen dem Ganzen des Lebens ihr »Ich« entgegensetzen. Denn in der Welt des »Ich« geht es nicht um den Himmel, um echtes menschliches Glück, sondern um Ansehen, Karriere, Macht, Vergnügen mit allen Konsequenzen, die das hat. Deshalb beherrschen Sorgen das Bewußtsein anstatt des ursprünglichen

Vertrauens. Aber anstatt den Grund zu betrachten, werden die Schmerzen betäubt mit allen Arten von Nervenkitzel. Das Herz wird angegriffen. Die Liebe stirbt. Der Streß siegt. Das Scheusal der Zerstörung dringt vor an den Ort, an dem es nicht stehen darf. Zur Zeit des Evangelisten Markus kam es in Gestalt der Römer nach Jerusalem, heute steht es vielleicht als »Krankheit« in unserem eigenen Körper, dem »Tempel des Heiligen Geistes«, oder als tödlicher Streit in unserer Partnerschaft. (14a)
Wenn es einmal so weit ist, dann ist es höchste Zeit (14ff.), vor ihm die Flucht zu ergreifen. Die Menschen, die diese Botschaft hören, sollen sich nicht sinnlos in Streitfälle hineinziehen lassen. Daß sie »in die Berge« fliehen sollen, bedeutet aber nicht nur »weg aus der Gefahrenzone in eine unzugängliche Gegend«, es bedeutet vor allem: »weg aus der gewohnten Gedankenwelt, in die Stille«. (14b)
Es ist eine Zeit höchster Not. Und es wäre gut, wenn nicht noch weitere Erschwernisse dazukämen. (17-19)
Es gibt keinen Ausweg aus dieser Bedrängnis. Nach menschlichem Ermessen (dem »Fleisch« nach) könnte keiner gerettet werden. Aber Gott hat diese Tage abgekürzt, weil er sich doch die Menschen als sein Eigentum auserwählt hat, weil er ihnen doch sein Gesetz ins Herz geschrieben hat (Jer 31, 13). (20)
Aber die Menschen vermuten die Lösung nicht dort. Statt dessen suchen sie im Äußerlichen immer hektischer nach Rezepten. Und ihr Bedürfnis wird befriedigt. Überall und zu jeder Zeit treten Leute auf, die sagen: »Hier ist die Erlösung« oder »dort ist sie«. Und diese Politiker, Prediger und Therapeuten werden teilweise wunderbare Erfolge erzielen mit ihren Methoden – aber es sind Erfolge im Sinn der alten »Ich«-Welt, die nun untergeht (21f.).
Dann wird sich die Sonne verfinstern, der Mond wird nicht mehr scheinen, die Sterne werden vom Himmel fallen und die Kräfte des Himmels werden erschüttert werden.
Die Welt unseres »Ich« ist am Ende. Wir haben keine Orientierung mehr. Die Illusionen verblassen. Die Dinge, die wir bisher

für erstrebenswert gehalten haben, werden uninteressant. Unsere Vorbilder leuchten nicht mehr. Unsere Sterne, die »Stars«, fallen vom Himmel. Alles was uns bisher Kraft gegeben hat, was wir bisher für den Himmel gehalten haben, es motiviert uns nicht mehr. Unser »Ich«, d.h. alles, womit wir uns bisher identifiziert haben, zerbricht. (24f.).
Und damit sind wir bereit für den entscheidenden Wandel. Denn jetzt, wo unsere Welt am Ende ist, erscheint »der Menschensohn«, unsere gottebenbildliche, menschliche Natur, – »in Wolken«. Zuvor war alles klar gewesen. Unsere Welt war logisch geordnet, wir konnten vorherberechnen, was wir zu tun hatten. Aber jetzt wissen wir nichts mehr im Voraus. Unsere Zukunft liegt im Dunkeln. Und genau da, im Unklaren, im Nebel, in Wolken erscheint – unser menschliches Wesen, unsere Originalität. (26)
Die Orientierung an den vielen klaren Daten unserer Welt hat unsere Originalität verletzt und uns verstümmelt – bis wir weder aus noch ein wußten. Und da waren wir dann bereit, uns wieder an dem einen, geahnten Ganzen zu orientieren. Und so sammelt sich jetzt das Ganze unserer zuvor zersplitterten Lebenskraft (27) und erscheint »mit großer Macht und Herrlichkeit«. (26)
Jesus zitiert den Propheten Daniel, der den »Menschensohn« kommen sieht »mit den Wolken des Himmels« (Dan 7, 13f.). Er kommt von selbst! Auch Jesaja sieht es so. »Tauet Himmel den Gerechten, Wolken regnet ihn herab!«, ruft er (Jes 45,8) und Jesus antwortet: Wenn unsere Welt am Ende ist, dann kommt er. Aber eigentlich ist er immer schon da! Immer schon »sprießt die Wahrheit aus der Erde hervor« (Ps 85, 11) – nur: Wir können sie erst sehen, wenn uns nichts mehr ablenkt, wenn »die fremden Götter« mit unserer Welt untergegangen sind, wenn auch keine Vorstellungen mehr da sind, sondern nur noch der Menschensohn.
Und: (30) »Diese Generation wird nicht vergehen, bis das alles eintrifft«.
Jesus hat nicht irrtümlich angenommen wie manche Theologen tatsächlich meinen , daß die Erde noch während der Le-

benszeit seiner Zuhörer zerstört werden wird, sondern: »diese Generation« hat das Ende ihrer Welt damals erlebt und unsere Generation erlebt es heute. Es geht Jesus nicht um das Ende des Planeten – sonst wäre seine Rede ja nur an eine einzige Generation gerichtet – sondern das Welt-Ende, von dem er spricht, ist das Ende unserer Vorstellung-Welt! Die Vorstellungen sind es ja, die uns separieren vom Geist des Ganzen, aber sie werden zerbrechen an der Wirklichkeit. (30)

Und dann erscheint das ursprünglich Menschliche, »der Sohn des Menschen«. »Er« erscheint in jeder Generation und in jedem einzelnen Menschen spätestens am Lebensende mit Macht. (26 + 30)

Wenn »er« erscheint, wird der Mensch ein wirkliches »Ebenbild Gottes«. Natürlich ist »er« immer schon da, in jedem Menschen, aber seine Stimme ist verdeckt durch den Sündenfall, durch die Vorstellungen. Trotzdem bleibt »er« fortwährend der tatsächliche Herr des Menschen. »Sein« »Wort« ist immer Realität. »Er« erfaßt zu jeder Zeit die volle Wahrheit der gegenwärtigen Situation. Das Kalkül des »Ich« dagegen verfügt nur über die Daten vom Baum der Erkenntnis. Es kann sich nur stützen auf die Durchschnittswerte der veränderlichen äußerlichen Erscheinungen. Aber die Daten von »Himmel und Erde werden ständig überholt« und deshalb können sie der Wahrheit des Augenblicks kaum je völlig gerecht werden. (31)

Es ist gut, die Zeichen zu sehen (28f.), aber es ist nicht möglich die Wiedergeburt aus dem Geist absichtlich herzustellen. Das wäre ja ein Handeln vom Baum der Erkenntnis her (vgl. auch Röm 10, 6f.). Die Wiedergeburt aus dem Geist aber unterliegt keiner Willkür. Sie ist ein Geheimnis der Lebenskraft. Es gibt eine natürliche Sehnsucht nach ihr und daß sie kommt, entspricht der natürlichen Entwicklung – denn das echt Menschliche möchte sich manifestieren. Doch niemand kennt den Tag oder die Stunde, niemand kann sie berechnen, nichteinmal einer, der bereits wiedergeboren ist, also nichteinmal ein Erlöster, ja nichteinmal ein Erlöser. (32)

Wir können nur eines tun: Wachsam sein und uns bereit machen. (33)
Und damit beschließt der Evangelist Markus seine Version der Rede Jesu über die Endzeit.

Diese Rede enthält den Schlüssel zu unserer Neugeburt aus dem Geist. Entscheidend dafür ist, daß wir ihren Inhalt in unserem eigenen Leben wiedererkennen. Deshalb lassen wir ihn in der folgenden Meditation noch einmal auf uns wirken:

Meditation

Nicht alle lassen sich vom Tod Jesu berühren, aber alle müssen das Ende ihrer Welt erfahren, bevor sie den Erlöser sehen können. Und für manche muß dieses Ende schon sehr drastisch kommen, damit sie begreifen.
Falls du den Abschnitt darüber nicht eben erst gelesen hast, lies die Rede Jesu über die Endzeit jetzt noch einmal (Markus, Kapitel 13).

Dann laß Ruhe einkehren bei dir, indem du für eine Weile nur deinen Atem beobachtest, wie er ein- und ausströmt. Und wenn du zur Ruhe gekommen bist, laß dich ein auf den Inhalt dieser großen Rede:

Du hast selbst schon oft erlebt, daß du deine Vorstellungswelt für »die Welt« hältst und die Wirklichkeit daher nicht zu dir durchdringen kann. Diese Welt muß an ihr Ende kommen. Dann erst kannst du wirklich wahrnehmen. Und dann wirst du das ursprünglich Menschliche in dir entdecken, deine göttliche Natur, den Menschensohn. Das sagt Jesus in dieser Rede. Und dann zeigt er in drastischen Bildern, was geschieht, wenn du deine Vorstellungen nicht losläßt und daß du am Ende doch keine Wahl haben wirst, weil deine ganze Welt buchstäblich aus den Angeln fällt.
Sieh jetzt die Jünger, die Jesus auf die Größe und Stabilität des Tempels hinweisen, und Jesus, der ihnen zeigt, wie trügerisch dieser äußere Schein ist.

Schau dabei auf deine eigenen Tempelmauern, auf deine »heiligen Kühe«, auf all das Äußerliche, mit dem du deinen Weg zementiert hast. All das mußt du loslassen, wenn du deine Auferstehung erleben willst. Und Jesus sagt ausdrücklich, daß das möglich ist, daß du deine Auferstehung noch vor deinem Lebensende erfahren kannst: »Diese Generation wird nicht vergehen, bis das alles eintrifft.«
Also schau jetzt noch einmal die Mauern an, die du aufgerichtet hast – und laß sie los!
Und dann schau, wo du deine Orientierung suchst. Viele möchten dir nicht helfen loszulassen. Sogar im Namen Jesu wollen sie dich in Schemen pressen und dich weiter einmauern. Sieh aber auch den Menschensohn, wie er dich zu sich kommen läßt, frei und genau so wie du ursprünglich bist.
Und dann schau, wie gern du dich durch Katastrophenmeldungen beunruhigen läßt, wie sie es dir ersparen deine eigenen Katastrophen zu sehen.
Aber sogar wenn du den Weg schon gefunden hast. Wird er sich bewähren, wenn eine wirkliche Probe kommt? Versetze dich hinein in die Szene, die Jesus beschreibt, laß dich im Geist verhaftet und gefoltert werden, weil du die Wahrheit lebst. Und sieh das Vertrauen, das dich selbst da befähigt, sorglos zu bleiben, weil du weißt, daß der Geist dir das Richtige zur rechten Zeit eingeben wird.
Aber vielleicht bist du auf deinem Weg noch nicht so weit, vielleicht ist es sogar so, daß du dich wegen deiner Vorstellungen von großem Unheil bedroht siehst, sei es in Form einer Krankheit, einer Beziehungskrise, eines Mißerfolgs. Dann geh jetzt nicht noch etwas erledigen, sondern komme zur Ruhe. Erhebe dich auf eine andere Ebene. Nimm, was du gerade erfahren hast, als einen Fingerzeig des Menschensohnes. Stell dir vor, er ist bereits in dir erwacht. Spüre ihn in dir. Er ist doch schon da. Spüre die Ruhe, die von ihm ausstrahlt, die Zuversicht, die Geborgenheit und verweile darin. Mache dich vertraut mit dieser Erfahrung. Und dann, aus deiner neuen Zuver-

sicht und Geborgenheit heraus, schau, wie du als der bereits Erlöste, dein Leben aus dieser Krise herausführen möchtest.
Und wenn du im Moment zu aufgeregt bist, um zur Ruhe zu kommen, dann »bete«, also sieh dir deine Wahrheit (deine Aufregung) jetzt an. Drücke sie aus. Und wenn du befürchtest, es könnte ein großer Ausbruch werden, dann bereite dir zuvor einen sicheren Rahmen. Wie das geht, kannst du in den Übungen zum Thema »Pfingsten« nachlesen.
Laß dich in dieser Situation auch nicht von irgendwelchen Wunderpropheten ablenken, die dir nur sich selbst verschreiben wollen. Denn der Himmel ist nicht irgendwoanders, er ist in dir und da wird er erscheinen, wenn du bei der Wahrheit bleibst.
Alle äußeren Wegweiser (Sonne, Mond und Sterne, Tageslicht, Träume und Stars) werden schließlich ihre Bedeutung verlieren. Sieh dir deine Wegweiser an und laß sie los – und seien sie noch so heilig. »Triffst du Buddha unterwegs, töte ihn!«, denn solange du glaubst, du müßtest so werden wie ein anderer oder du müßtest einem bestimmten Bild entsprechen, bist du noch nicht bereit für die Wahrheit.
Geh daher hinein in die Wolke deines Nichtwissens. Wage es, das nicht vorher Wissen auszuhalten, jetzt. Dann wirst du in dieser Wolke deiner eigenen göttlichen Natur begegnen, dem Menschensohn. Und sie wird sich zeigen mit großer Macht und Herrlichkeit. Wenn du aber an deinen Vorstellungen festhältst, wird dich diese Macht erschrecken.
Sieh nun auch die Engel, die von deiner eigenen göttlichen Natur ausgesandt werden: Du hängst in einem Netz von Kraftlinien, durch das du mit allem verbunden bist. Und durch diese Verbindung kommt dir immer zur rechten Zeit alles Nötige zu. Schau zurück in dein Leben und sieh, wie es geschicht.
Woimmer du gerade stehst in diesem Prozeß, sei achtsam auf die Wahrheit, die du in diesem Moment erfährst. Darin liegt der Schlüssel für den weiteren Weg.

Und in dieser Achtsamkeit richte deine Aufmerksamkeit jetzt wieder auf deinen Atem. Sieh in ihm die Wolke des Nichtwissens, in der du vertrauensvoll verweilen darfst. Und im Ein- und Ausströmen deines Atems spüre die Kraftlinien, die dich mit allem verbinden, und im Rhythmus deines Atems folge ihnen hinaus und wieder zurück.

Das Weltgericht

(Mt 25, 31-46):

31 Wenn der Sohn des Menschen aber kommt
in seiner Herrlichkeit und alle Engel mit ihm,
dann wird er sich auf den Thron seiner Herrlichkeit setzen.
32 Und alle Völker werden vor ihm zusammengeführt werden,
und er wird sie voneinander scheiden,
wie der Hirt die Schafe von den Böcken scheidet.
33 Und er wird die Schafe an seine Rechte stellen, die Böcke aber an die Linke.
34 Dann wird der König denen an seiner Rechten sagen:
Auf, Gesegnete meines Vaters!
Nehmt den Anteil am Reich,
der seit Grundlegung der Welt für euch bereit ist.
35 Denn ich hungerte, und ihr gabt mir zu essen;
ich dürstete, und ihr tränktet mich;
ich war fremd, und ihr brachtet mich in Kontakt;
36 nackt, und ihr bekleidetet mich;
ich war krank, und ihr schautet auf mich,
ich war im Gefängnis, und ihr kamt zu mir.
37 Dann werden ihm die Gerechten antworten und sagen: Herr,
wann sahen wir dich hungrig und speisten dich,
oder durstig und tränkten dich?
38 Und wann sahen wir dich fremd und brachten dich in Kontakt,
oder nackt und bekleideten dich?

39 Und wann sahen wir dich krank oder im Gefängnis,
und wir kamen zu dir?
40 Und der König wird antworten und ihnen sagen:
Amen, ich sage euch:
Indem ihr einem dieser meiner geringsten Brüder etwas tatet,
tatet ihr es mir.
41 Dann wird er auch zu denen zur Linken sagen:
Geht weg von mir, Verfluchte, in das ewige Feuer,
das für den Lügner (Diabolos, Teufel) und seine Boten bereitet
ist!
42 Denn ich hungerte, und ihr gabt mir nicht zu essen ...
44 Dann werden auch sie antworten und sagen: Herr!
Wann sahen wir dich hungrig oder durstig
oder fremd oder nackt oder krank oder im Gefängnis
und wir dienten dir nicht?
45 Dann wird er ihnen antworten und sagen: Amen, ich sage euch:
Indem ihr einem dieser Geringsten etwas nicht tatet,
tatet ihr es auch mir nicht.
46 Und diese werden weggehen zu ewiger Verdammung,
die Gerechten aber zum ewigen Leben.

Eine dramatische Szene! Wären wir nur nicht so befangen in unserem materialistischen Verständnis von allem und jedem, dann hätten wir einen natürlichen Zugang zu dieser Sprache – es ist immerhin die Sprache unserer eigenen Träume!
Die Tradition nennt das »Ereignis«, von dem Jesus hier spricht, »Jüngstes Gericht«, weil es das letzte Ereignis in der Zeit ist. Zwar hört nicht die Zeit an sich auf, wenn der »Menschensohn« erscheint – sonst könnte das ja nicht zu Lebzeiten geschehen – aber der Mensch tritt ein in die Sphäre des Ewigen, und in ihr ist alles, was ist und war und sein wird, gegenwärtig und die Zeit spielt keine beherrschende Rolle mehr.
Wenn die Sphäre der Zeit also ihre Bedeutung verliert, »werden alle Völker vor ihm zusammengeführt werden«.
Tatsächlich kennen alle Völker und alle Religionen das Erschei-

nen des »Menschensohnes« am Ende der Zeit auf ihre Weise. Alle Menschen streben ja nach Menschwerdung! Und so ist auch das, was da »in Herrlichkeit« erscheint, nicht der Jesus von damals, sondern das menschliche Wesen, unser eigener göttlicher Kern, der sich immer schon zeigen möchte: im Geist der Kindschaft, im Geist der Hingabe und, zu gewissen Zeiten, als Richter.

Und der Richter sieht, wie weit wir noch entfernt sind von unserer Menschlichkeit. Und als Resonanz auf seine Sicht spüren wir den im Ewigen immer schon gegenwärtigen Schmerz über unsere Trennung – unsere Ver-dammung. Und wenn wir unsere Menschlichkeit nicht schon zuvor entwickelt haben, macht uns jetzt vielleicht die unausweichliche Erfahrung der Verdammung bereit für die Wiedergeburt aus dem Geist.

Es geht Jesus nicht um dogmatische Definitionen und genausowenig will er »das erste Ereignis des Lebens nach dem Tod« beschreiben. Er will einfach mit den Ausdrucksmöglichkeiten seiner Kultur bei seinen Zuhörern eine Wirkung erzielen. Er will ihnen helfen, ihre gegenwärtige Verdammung aufzuheben, damit sie nicht in diesem Zustand weiterleben müssen, und damit sie sich zum Wesentlichen hinwenden können.

Erinnern wir uns an die Auferstehungserlebnisse der Schüler Jesu. Der Prozeß, den sie durchgemacht haben, bevor sie das Menschliche erkennen konnten, ereignet sich irgendwann für jeden Menschen: Spätestens im Tod tritt die ewige Natur ja für jeden offen zutage: Und die, die ihr schon bisher gefolgt sind, werden selig sein, die sie aber verleugnet haben, werden entsetzt sein.

Das Gericht kommt in Form einer existentiellen Krise. In ihr werden uns mit einem Mal alle Zeichen und Hinweise klar, die uns der göttliche Geist immer schon gegeben hat, denn ganz unspektakulär sind uns seine Boten (Engel) ja oft und oft begegnet. Sie haben versucht, uns aufmerksam zu machen auf jene andere Dimension jenseits unserer »Ich«-Welt und unserer Vorstellungen. Vielleicht haben wir diese Hinweise lange ignoriert, wie damals der Prophet Jona, aber eines Tages (am »jüngsten« Tag) können wir nicht länger ausweichen, da stehen wir an der Schwelle zum

Ewigen und »der Menschensohn« zeigt sich dann unverhüllt, mit allen Insignien seiner Macht. Das Gericht (die Krise) ist von »ihm« inszeniert, um unser Leben abzuwenden vom Schein und auszurichten auf die Wahrheit – in der »der Menschensohn« unser Herr ist weil er unsere eigene menschliche Natur ist.

Menschen, die ihrem Tod sehr nahe gekommen sind, bestätigen das. Sie sagen, an der Schwelle zum Tod seien sie einer Art »Licht-Wesen« begegnet und das habe sie aufgefordert, ihr vergangenes Lebens nochmals zu betrachten und zu beurteilen. Und dieses »Licht-Wesen« habe erstaunliches Verständnis gezeigt, selbst für allerschlimmste Taten. Und diese Begegnung habe ihrem Leben eine völlig neue, ganz und gar menschliche Richtung gegeben.

Wir wundern uns nicht darüber und auch nicht über das Verständnis des Richters. »Der Menschensohn« ist ja kein Außenstehender! Er versteht unsere Verweigerung. Und doch zeigt sich von seiner Sicht aus aller Trotz, aller Eigensinn, alles Sorgen, alle Gier als verloren.

Nur das Echte zählt: absichtlose Bewegung in Übereinstimmung mit dem Geist. Nur so können wir alles nehmen und alles geben. Und nur so sind wir wirklich menschlich (»Ich war hungrig und ihr gabt mir zu essen …«). Wir wußten es immer schon, denn nur so sind wir auch glücklich, nur so vergessen wir die Zeit, nur so erleben wir die Ewigkeit im Jetzt.

Was uns davon abbringt, sind immer die Früchte vom Baum der Erkenntnis, unsere Vor-urteile über »gut« und »schlecht«.

Andererseits ist aber auch der Sündenfall ganz natürlich für uns Menschen. Er enthält die Herausforderung, uns während unserer Reise durch die Zeit unserer wirklichen Natur bewußt zu werden und das Ebenbild Gottes in uns zur Entfaltung zu bringen. Deshalb läßt uns der »Menschensohn« das Gericht und »das Feuer, das für den Lügner und seine Boten von Ewigkeit her bereitet ist«, nicht erst nach dem Tod erfahren, sondern immer wieder schon im Leben. Und nur wenn jemand seine menschlichen Regungen trotzdem bis ans Lebensende unterdrückt, hat er das ganze Leben versäumt und dann kann ihm das nur ewig leid tun.

Aber auch die Tatsache, daß manche anscheinend wirklich zeitlebens ihre Menschlichkeit nicht finden, berechtigt uns nicht zu der Schlußfolgerung, sie wären für immer verloren. Im Gegenteil, das Gleichnis Jesu über die Arbeiter im Weinberg (Mt 20, 1 – 16) weist klar auf ihre Chance hin und es weist alle jene zurück, die den »Letzten« die Erlösung nicht gönnen.

Das »jüngste Gericht«, vor dem alle Völker erscheinen müssen, ist also nicht ein Ereignis, das der Zerstörung dieses Planeten folgt, es ist das entscheidende Ereignis unseres Lebens, denn es leitet unsere Wiedergeburt aus dem Geist ein.
Und als dieses entscheidende Ereignis in unserem Leben betrachten wir es noch einmal in der folgenden Meditation.

Meditation

Immer wieder beurteilst du deine eigenen Taten und oft hilft dir dein Urteil nicht, dich so zu verändern, wie du es dir wünscht. Du weißt aber von den Berichten derer, die ihrem Tod sehr nahe waren, daß auch ihre Taten beurteilt worden sind. Und sie sagen, dieses Urteil habe eine große Veränderung in ihrem Leben möglich gemacht. Versuche jetzt also dein Leben und deine Taten von dieser anderen Warte aus zu betrachten.

Zuvor jedoch werde innerlich ganz ruhig, indem du wieder auf deinen Atem achtest. Verweile dabei, bis du die Ruhe in deinem ganzen Körper spürst. Dann erlebe dein Jüngstes Gericht.

Erinnere dich jetzt an all das, was wirklich gut ist in deinem Leben, was wirklich Bestand hat, auch von der Warte des Menschensohnes aus.
»Ich war hungrig und ihr habt mir zu essen gegeben ...«. Das heißt alles, was du aus echtem Mitgefühl getan hast. Erinnere dich an die Situationen, in denen dein Denken nicht im Weg war, wo du unmittelbare Resonanz gespürt hast. Und präge dir die Bewußtseinsebene gut ein, auf der du dabei warst.

Und dann schau auf das, was keinen Bestand hat. Und achte darauf, daß du auch die Taten, in denen das Mitgefühl gefehlt hat, jetzt mit Mitgefühl betrachtest, mit dem wohlwollenden Blick des Menschensohnes, der nicht verurteilt, sondern versteht. Versteh nun also dich selbst und sieh die Angst und die Verletzungen, derentwegen du dich verhärtest hast. Und laß dann alles los, womit du dich je belastet hast. Es ist wie Spreu, die der Windhauch des Heiligen Geistes jetzt davonträgt und die in seinem Feuer verglüht.
Und dann schau auf den Menschensohn in dir, der immer mit offenen Armen dasteht, um alle zu empfangen, die mühselig und beladen sind. Komm zu ihm und laß dich von ihm erneuern.
Sieh dich selbst als den verlorenen Sohn / die verlorene Tochter, der/die nun endlich den Mut gefunden hat, die Wahrheit anzusehen und umzukehren, und der/die mit offenen Armen empfangen wird.

Achte nun wieder auf deinen Atem, wie er ganz von selber eingeht und wieder hinausgeht, und spüre in diesem von selbst gehenden Atem die Geborgenheit des Sohnes / der Tochter, der/die heimgefunden hat.

Der »Menschensohn« öffnet uns den Himmel

(Mt 16, 1 – 4. 21 – 28; 17, 1 – 9; Joh 5,25 – 30)

Die Zeichen auf dem Weg in den Himmel – das Zeichen des Jona (Mt 16, 1 – 4)

Die religiösen Führer des jüdischen Volkes konnten den »Menschensohn« in Jesus nicht sehen und daher auch nicht, daß Jesus eins war mit dem Vater. Und weil sie das Echte nicht wahrnehmen konnten, verlangten sie äußerliche Beweise:

1 Und die Pharisäer und Sadduzäer kamen zu ihm,
um ihn auf die Probe zu stellen.

Sie verlangten von ihm,
daß er ihnen ein Zeichen aus dem Himmel zeige.
2 Der aber antwortete und sprach zu ihnen:
4 Eine böse und treulose Generation fordert ein Zeichen,
aber ein Zeichen wird ihr nicht gegeben werden,
außer dem Zeichen des Jona.
Und er ließ sie stehen und ging weg.

Der Prophet Jona sollte den Bewohnern der Stadt Ninive zeigen, daß sie verkehrt lebten. Aber Jona hatte Angst dort hinzugehen, denn Ninive war eine ultramoderne Stadt und ihre Bewohner waren hoch kultiviert und gebildet. Dagegen kam er sich vor wie ein Nichts. Deshalb widersetzte er sich dem Druck des göttlichen Geists, den er in sich spürte. Er unternahm alles, um zu vergessen, aber es nützte nichts. Schließlich wußte er sich nicht mehr anders zu helfen als durch Flucht.
Um ganz sicher zu gehen, buchte Jona eine Schiffsreise in die entgegengesetzte Richtung. Und da geschah das Unglück: Ein Sturm kam auf und das Schiff geriet in Seenot. Man suchte nach dem Schuldigen und kam schließlich auf Jona. Schuldbewußt bot er der Mannschaft an, ihn über Bord zu werfen und sich dadurch zu retten. Und in dem Moment, als er über Bord war, hörte der Sturm auf. Jona aber wurde von einem Fisch geschluckt. In tiefster Verzweiflung schrie er zu Gott und der Fisch erbrach ihn und spuckte ihn an Land – genau vor Ninive. Und jetzt war Jona bereit, dem göttlichen Geist zu folgen.
Jona wußte, was er zu tun hatte, aber er tat es nicht. Auch die, die Jesus um ein Zeichen baten, wußten, was sie zu tun hatten, aber sie taten es nicht. Und Jesus wies sie darauf hin, daß es letztlich nicht möglich ist, sich der göttlichen Führung zu entziehen.
Was Jona erlebte, ist das, was alle Menschen erleben: Wenn sie der Stimme ihrer Natur – der Stimme des »Menschensohnes« – nicht folgen, erzeugen sie für sich eine qualvolle Situation, die sie dazu drängt, auf den Weg der Wahrheit zurückzukehren: das »Fegefeuer«.

Solange ein Mensch am Leben ist, hat er, wie Jona, die Chance aus seinem Schicksal zu lernen. Aber natürlich kann er erst umkehren, wenn er die Zeichen der Zeit erkennt.

Jesus kündigt sein Leiden an (Mt 16, 21)

Von da an begann Jesus, seinen Jüngern zu zeigen,
daß er nach Jerusalem gehen müsse und vieles erleiden
von den Ältesten und Hohenpriestern und Schriftgelehrten
und getötet werden und am dritten Tag erweckt werden.

Jesus sieht, was jetzt nötig ist. Er urteilt nicht »gut« oder »schlecht«. Er weiß, daß es im Leben etwas Wichtigeres gibt als das Leben, nämlich dem göttlichen Geist zu folgen. Seine Schüler können das nicht fassen. Deshalb muß er es ihnen zeigen. Und jetzt ist der Zeitpunkt dafür gekommen: Er muß sterben, damit sie das Leben begreifen. Nur sein Tod kann die Welt ihrer Konzepte so erschüttern, daß die Wahrheit Platz finden kann. Und wenn ihre Welt zerbrochen ist, wird er in ihnen erweckt werden!
Das sind die Gründe, die unsere Vernunft im Nachhinein findet, aber Jesus wird nicht von Gründen bewegt, sondern allein vom Geist.

Menschliche Einwände (Mt 16, 22f.)

22 Und Petrus riß ihn heran und begann ihn anzufahren,
indem er sagte:
Gnade dir, Herr! Niemals soll das mit dir geschehen!
23 Der aber wandte sich um und sprach zu Petrus:
Weg mit dir, Satan, mir aus den Augen!
Du willst mich zu Fall bringen;
denn du hast nicht das im Sinn, was Gott will,
sondern was die Menschen wollen.

Petrus geht aus vom gewohnten »menschlichen« Denken, von der Unterscheidung von »gut« und »schlecht«, die ihm sagt: Der

Tod ist schlecht, er muß vermieden werden. Petrus sieht noch nicht, woher die Kraft kommt, die Jesus hat: daß seine Entscheidungen nicht aus dem Denken stammen, sondern aus einer tieferen Wahrheit. Petrus argumentiert. Deshalb wird er für Jesus zum Versucher, zum Satan.

Was Jesus wahrnimmt, ist nicht vermittelt durch Urteile. Er spürt die Wahrheit unmittelbar, denn er ist eins in sich selbst. Deshalb ist er »der Menschensohn«, der archetypische Mensch, das vollkommene Ebenbild Gottes. Und so wie er sollen auch seine Schüler werden. Deshalb muß er Petrus so scharf zurechtweisen.

Die Voraussetzungen für das Erscheinen des Menschensohnes (Mt 16, 24 – 26):

24 Da sprach Jesus zu seinen Schülern:
Wenn einer nach mir geraten will, dann verleugne er sich
und er trage sein Kreuz und folge mir.
25 Denn wer etwa sein Leben retten will, er wird es verlieren;
wer immer aber sein Leben hingeben wird wegen mir,
er wird es finden.
26 Denn was wird es einem Menschen nützen,
wenn er die ganze Welt gewinnt,
wenn sein Leben dabei Schaden nimmt?
Oder was wird ein Mensch bezahlen als Preis für sein Leben?

Woher kommt es, daß Menschen sich kaputt machen für ein wenig Gewinn? Es kommt von ihren Vorstellungen darüber, was »gut« ist.

Alle Vorstellungen über »gut« und »schlecht« zusammen bilden das »Ich«. Die Lösung liegt daher im Loslassen des »Ich«, in der »Selbstverleugnung«. »Selbstverleugnung« heißt, die Vorstellungen darüber ablegen, wie wir sind und wie »es« sein sollte. »Das Kreuz auf sich nehmen« heißt, die Ursünde aufgeben, nicht mehr unterscheiden zwischen »gut« und »schlecht«, das Unangenehme nicht mehr ablehnen, sich nicht mehr aus Angst zurückhalten, sondern vertrauen.

Nur wer sein Schicksal annimmt, kann werden wie Jesus, denn er versucht dann nicht mehr, sein Leben zu bewahren, sondern er lebt es so, wie es kommt, ohne zu wählen.
Und da entdeckt er sich selbst als Sproß des ewigen Lebens.

Der Menschensohn kommt in der Herrlichkeit des Vaters (Mt 16, 27)

Ziel der menschlichen Entwicklung ist es, sich ganz von fixen Vorstellungen zu lösen und eins zu werden mit dem Geist, wie Jesus. Aber die Menschen können sich nicht selbst erlösen. Das »Ich«, aus dem ja alles »Tun« kommt, kann sich nicht selbst aufgeben. Die Natur muß dem Menschen zu Hilfe kommen und das geschieht auch.
Die Wahrheit selbst zerreißt das so fest geglaubte Weltbild und dahinter erscheint der Mensch in seiner wahren Stellung im All – als Ebenbild Gottes:

Der Sohn des Menschen wird kommen
in der Hoheit seines Vaters mit seinen Engeln
und dann wird er vergelten, jedem nach seinem Tun.

Besonders in den Krisenzeiten unseres Lebens wird unser »Ich« mit unserer menschlichen Natur konfrontiert. Da kommt der »Menschensohn«! Er drängt uns, unsere Vorstellungen loszulassen, weil sie unsere Entfaltung behindern. Unsere Natur zwingt uns nicht, aber wenn wir uns nicht irgendwann freiwillig besinnen, zwingen uns die äußeren Umstände, wie sie Jona gezwungen haben oder wie sie die Ägypter gezwungen haben vor dem Auszug der Israeliten. Diese Umstände sind dann die »Engel« des Menschensohnes, seine Boten. Sie waren immer schon da, um uns unserer Natur gemäß zu führen; und jetzt kommen sie als Zeugen und Vollstrecker unseres Gerichts.
Und, je nach dem, wie weit wir ihnen bisher gefolgt sind, fällt es uns dann leichter oder schwerer, unsere Vorstellungswelt loszulassen und unserer Originalität zu erlauben, zu erscheinen.

Das Gericht, das Jesus hier beschreibt, ist ein Ereignis unseres Lebens, das uns korrigieren, »richten«, soll, denn – wenn wir auch im Tod noch an unserer »Ich«-Welt festhalten, bleibt unsere Ver-damm-ung aufrecht und unser Ende wird bitter sein.

Die Auferstehung zu Lebzeiten (Mt 16, 28)

Amen, ich sage euch:
Einige von denen, die hier stehen,
werden den Tod sicher nicht kosten,
bis sie den Sohn des Menschen eintreten sehen
in seine Herrschaft.

Viele Theologen meinen, Jesus habe sich hier geirrt, seine »Naherwartung« habe sich offensichtlich nicht erfüllt, die neue Welt lasse immer noch auf sich warten. Wir haben jedoch bereits gesehen, daß die Herrschaft des Menschensohnes und das Reich Gottes nicht etwas Äußerliches sind.
Einige von den Zuhörern Jesu haben das »Jüngste Gericht« damals wirklich erlebt. Sie haben zu Lebzeiten erfahren, wie der »Menschensohn« in ihnen die Herrschaft der Vorurteile abgelöst hat. Und seither haben es Menschen aus allen Generationen erlebt und es geschieht immer noch.
Jesus ist nicht der Begründer einer Religion für die Verstorbenen. Es geht ihm darum, daß die Menschen während dieses Lebens entdecken, daß ihre Hartnäckigkeit, ihr Beharren auf ihrem »Ich« und auf der Ablehnung des Leidens, der wirkliche Tod ist, und daß sie erst durch den Tod ihres eigensinnigen »Ich« zum wahren und ewigen Leben erwachen können. Und er zeigt ihnen, daß die Hilfe, die sie brauchen, schon da ist:
»Der, den du suchst, ist es, der sucht!«, sagt der heilige Franziskus. Der Menschensohn in uns macht uns suchen, damit wir bereit werden für seine Rückkehr an die Stelle, die ihm von Anfang an zukommt.

Unsere eigene menschliche Natur erzeugt die Krise, die unsere »Ich«-Welt zerstört, denn am Ende kann die Wahrheit nicht verborgen bleiben. Irgendwann muß sich der »Menschensohn« als der eigentliche Herr unseres Lebens zeigen. Und dann können nicht wir weiter die Herren sein. Wenn wir aber sterben, bevor wir sterben, dann werden wir schon zu Lebzeiten neue Menschen und das Paradies ist wieder da.

Jesus – der zu Lebzeiten Auferstandene (Mt 17, 1 – 9)

1 Sechs Tage darauf nimmt Jesus den Petrus mit
und Jakobus und dessen Bruder Johannes
und er führt sie für sich auf einen hohen Berg.
2 Und er wurde vor ihnen verwandelt;
und sein Gesicht leuchtete wie die Sonne,
und seine Kleider wurden blendend weiß wie das Licht.
3 Und sieh!
Mose erschien ihnen und Elia und sie redeten mit ihm.
4 Petrus aber antwortete und sprach zu Jesus:
Herr, es ist gut, daß wir hier sind.
Wenn du willst, werde ich hier drei Zelte machen,
dir eines, Mose eines und Elia eines.
5 Während er noch redet, sieh,
eine leuchtende Wolke überschattete sie,
und sieh, eine Stimme aus der Wolke sagte:
Dieser ist mein geliebter Sohn, an dem ich Gefallen fand;
hört auf ihn!
6 Als sie das hörten, warfen sich die Schüler auf ihr Gesicht
und fürchteten sich sehr
7 Und Jesus kam zu ihnen, berührte sie und sprach:
Steht auf und fürchtet euch nicht!
8 Und als sie aufblickten, sahen sie keinen außer ihn, Jesus allein.
9 Und während sie vom Berg herabstiegen, gebot ihnen Jesus:
Sprecht zu keinem von dem, was ihr gesehen habt,
bis der Sohn des Menschen aus Toten erweckt ist.

Sechs Tage läßt Jesus seine Rede über das Erscheinen des Menschensohns wirken, dann zeigt er seinen engsten Vertrauten die sonst verborgenen Dimensionen des zu Lebzeiten Erwachten.
Für die Augen des »Ich« ist der wahre Umfang des Lebensbereichs Jesu verborgen. Nur unter besonderen Umständen ist es daher einigen Auserwählten möglich, die ganze Reichweite der menschlichen Natur und ihr göttliches Leuchten wahrzunehmen.
Die drei Apostel sind so weit. Sie sind bereit für eine Wesensschau. Und da sehen sie, daß Jesus auf der gleichen Stufe steht wie Mose und Elia.
Aber sie verwechseln die Realitätsebenen und meinen, ein Ereignis ihrer alltäglichen Wirklichkeit zu sehen.
Sie fühlen sich wohl in der Gesellschaft der Propheten und in der Atmosphäre von Wahrheit und von Menschlichkeit, die sie umgibt. Deshalb wollen sie sich niederlassen und drei Zelte aufstellen.
Dann merken sie die andere Dimension, die Gegenwart des Göttlichen; deshalb werfen sie sich zu Boden. Aber auch jetzt können sie ihre Einsicht noch nicht direkt beschreiben; es ist für sie eine Stimme aus einer anderen Welt, die ihnen noch fremd ist.
Und weil sie das Göttliche in sich selbst noch nicht wahrnehmen können, könnten sie nur ein Mißverständnis weitergeben. Und so gebietet ihnen Jesus, Stillschweigen zu bewahren über das Erlebnis bis »der Menschensohn« auch in ihnen geweckt ist, d.h. bis ihre eigene menschliche Natur die illusionäre Welt zerbricht, die sie noch trennt von ihrem Kern, vom Vater, vom Himmel, vom ewigen Leben.

Das Gericht und die Wiedergeburt beim Evangelisten Johannes (Joh 5, 25-30)

24 Amen, amen, ich sage euch:
Es kommt eine Stunde, und jetzt ist sie da,
wo die Toten die Stimme des Sohnes Gottes hören werden;
und die sie hören, werden leben.

26 Denn wie der Vater Leben in sich hat, so gab er auch dem Sohn,
Leben in sich zu haben.
27 Und er gab ihm Vollmacht, Gericht zu halten,
weil er Menschensohn ist.
28 Wundert euch nicht darüber, daß eine Stunde kommt,
in der alle in den Gräbern seine Stimme hören werden;
29 und herauskommen werden,
die das Gute (Taugliche) taten, zum Erwachen des Lebens,
die das Schlechte (Faule) taten, zum Erwachen des Gerichts.
30 Von mir selbst aus kann ich nichts tun;
wie ich es höre, richte ich und mein Gericht ist gerecht,
weil ich nicht meinen Willen suche,
sondern den Willen dessen, der mich gesandt hat.

Die Toten, von denen hier die Rede ist, sind nicht die Leichen auf den Friedhöfen, sondern das sind wir. Solange wir unsere Natur noch nicht wiederentdeckt haben, sind wir getrennt vom Baum des Lebens, isoliert und verdammt, in den Gräbern. Aber die Stimme unserer Natur dringt durch die Mauern unserer Vorstellungen in unser Bewußtsein. Und wenn wir sie hören, stehen wir vor dem »Menschensohn« – wie die Sterbenden vor dem »Licht-Wesen«. Konfrontiert mit ihm, sehen wir uns selbst im Licht unseres Wesens. Alles Künstliche, alles Ausgedachte, alles Scheinbare wird durchsichtig und wir sehen die Kräfte, die uns veranlaßt haben, uns danach zu richten; wir sehen ihre Nichtigkeit und wir kehren um.

Das ist das Gericht des »Menschensohnes«. Es ist einfach die Wahrheit. Er ergreift nicht Patei für einen überirdischen Gott, der Unmenschliches verlangt. Der »Menschensohn« ist wirklich der Menschen Sohn. Und der Jesus, der da spricht, ist keine Privat-Person. Er spricht im Namen der menschlichen Natur, mit der er vollkommen übereinstimmt. Gerade durch seine Menschlichkeit ist er göttlich. Wir dagegen nennen oft gerade das Unmenschliche »menschlich«, nämlich Trotz, Gier, Ärger, Täuschung. Aber das stammt nicht von unserer Natur, sondern

davon, daß wir von ihr abgelenkt werden – vom »diabolos« (dem Verwirrer), von »fremden Göttern«, also von Autoritäten, denen wir hörig sind und die wir über die Einsichten stellen, die unmittelbar von unserer Natur kommen.
»Die das Faule tun« sind daher die, die noch nicht zurückgekehrt sind zu ihrem natürlichen Weg. Sie werden vom »Menschensohn« immer wieder gerichtet, also neu ausgerichtet, neu eingestellt, repariert:
Die (menschliche) Natur ist ja so eingerichtet, daß ein falscher Weg immer etwas Ungemütliches hat. Wir erleben eine Art »Fegefeuer«, das uns zurechtweist. Und wenn wir seine Zeichen nicht beachten, kommt es schlimmer, bis es so schlimm wird wie im Fall des Propheten Jona. Und wenn wir auch dieses Zeichen noch nicht beachten, gehen wir zugrunde. Und im Sterben begegnen wir dem Menschensohn erneut – und wieder gibt er uns die Chance, uns richten zu lassen, damit wir wenigstens am Ende sehen, daß das ganze Leben aus der Hingabe kommt.

Meditation

Damit diese Bilder noch tiefer wirken können, nimm die acht vorangegangenen Betrachtungen nun auch als Meditation.

Zu Beginn achte für eine Weile nur auf deinen Atem, bis du ganz ruhig geworden bist.
Dann lies in dieser Ruhe jeweils einen Abschnitt und laß dich von seinem Inhalt bewegen. Suche jede Einzelheit in deinem Leben auf und laß auf diese Weise den Menschensohn in dir in dein Bewußtsein treten und dir von ihm den Himmel öffnen.

Und in seiner Schau verweile, während du weiterhin auf deinen Atem achtest.

Ist der Leichnam Jesu wieder lebendig geworden?

Das leere Grab

(Mk 16, 1 – 8)

Wir haben uns mittlerweile von den Auferstehungserlebnissen der Schüler Jesu etwas entfernt, weil wir in deren Ablauf genau jenes archetypische Muster wiederfanden, das Jesus in seiner Rede über die »Endzeit« so detailliert beschrieben hat:

Der Prozeß der Neugeburt beginnt immer mit einer existentiellen Krise. Darin sucht der Mensch – im Rahmen seiner Vorstellungswelt – fieberhaft nach einem Ausweg. Aber alle Wege, die erscheinen, erweisen sich als Irrwege und die Suche endet in völliger Orientierungslosigkeit. In ihr bricht die Welt des »Ich« zusammen. Die Unterscheidung von »gut« und »schlecht« hört auf. Die Blockaden lösen sich. Die Wahrheit wird offenbar. Das ureigene Wesen des Menschen (das Ebenbild Gottes, der »Christus«) übernimmt die Herrschaft und der Mensch kehrt, voll bewußt, zurück in den Strom des ewigen Lebens. Und da spielt der Tod keine Rolle mehr.

Und die folgende Episode der Auferstehungserzählungen knüpft hier an. Es ist die Geschichte vom leeren Grab.

Die Version des Evangelisten Markus hilft uns, sie zu verstehen:

Zusammengefaßt: Jesus ist, überaschend schnell, am Kreuz gestorben und ein jüdischer Ratsherr läßt seinen Leichnam in einem Felsgrab bestatten. Zwei Frauen beobachten den Vorgang. Am übernächsten Morgen geht eine von ihnen mit zwei anderen zu der Grabhöhle. Aber sie finden das Grab leer.

Was ist geschehen? War das Grab wirklich leer? Haben die Frauen das Grab verwechselt? War Jesus gar nicht tot? Ist die Geschichte vom leeren Grab nur eine Metapher?

Wir haben bereits gesehen, daß das Leben, in dem Jesus gelebt hat und in dem er gestorben ist, vom Tod nicht berührt worden ist: Es ist ja das ewige Leben!
Weil Jesus sich im ewigen Leben wußte, brauchte er sich nicht mit seiner subjektiven Existenz identifizieren. Deshalb brauchte er auch nicht für sich leben und deshalb konnte er sein Leben hingeben, als das notwendig wurde.
Seine Jünger dagegen identifizierten sich mit ihrer subjektiven Existenz. Und sie brauchten seinen Tod, um sich daraus zu lösen! Denn erst in ihrer Verzweiflung traf sie die volle Wucht der Erkenntnis, daß Jesus aus einer anderen Quelle schöpfte als sie, daß er nicht von Vor-Stellungen bestimmt war, sondern von der Ewigkeit, von der momentanen Wahrheit des Ganzen. Erst der Schock seines Todes brachte ihre (ur-teilende Vorstellungs-)Welt zum Einsturz und weckte den »Menschensohn« in ihnen.
Und von da an war Jesus wieder vollkommen gegenwärtig für sie. Sie sahen ihn wirklicher als je zuvor. Lebendig. Er war für sie auferstanden von den Toten.
Das Grab enthielt nun nichts mehr, was für sie von Interesse war. Sie suchten den Lebenden nicht mehr bei den Toten. Das Grab war leer für sie.
Zuerst kamen die Frauen zu der Einsicht, die zum Grab gegangen waren, dann auch die Apostel.
Nur einer hielt noch fest an der Frage, ob das Grab »wirklich« leer war: der Apostel Thomas. Und seine Frage wurde für ihn zum Alptraum, als er erkannte, daß sein Meister gekreuzigt worden war, weil Menschen wie er sich eine Vorstellungs-Welt aufgebaut hatten, in der solche Fragen entstehen – und daß jeder den Menschensohn in sich so lange kreuzigt, als er die Wahrheit und das Leben nicht hier und jetzt sucht, sondern irgendwo anders – in etwas Vergangenem, in einem Leichnam, in einem Grab.
Was aus dem Leichnam Jesu geworden ist, weiß niemand. Aber diese Frage ist für die Auferstehung Christi ohne Bedeutung.

Der ungläubige Thomas meinte zuerst, der Leichnam sei wiederbelebt worden. Deshalb wollte er seine Finger in die Wunden Jesu legen. Seine Scham war grenzenlos, als er die Wahrheit sah.

Aber trotz der Erfahrung des Thomas war der Apostel Paulus erneut mit dieser Vorstellung konfrontiert. Er fand sie dumm und empörend materialistisch (1 Kor 15, 35-44):

[35] Doch einer wird sagen:
Wie werden die Toten erweckt?
Und mit was für einem Leib kommen sie?
[36] Du Narr! Was du säst, wird nicht lebendig gemacht,
wenn es nicht stirbt;
[37] und was du säst – nicht den Leib, der sein wird, säst du,
sondern ein nacktes Korn...
...
[44b] erweckt wird ein geistiger Leib.

Paulus tut sich offenbar schwer bei der Formulierung, aber am Ende kommt er doch zu dem Schluß, der seiner Erfahrung des auferstandenen Jesus entspricht: »Erweckt wird ein geistiger Leib«. Und das entspricht auch dem Bild des Matthäus, in dem die »Leiber der entschlafenen Heiligen erwacht« und nach der Auferstehung Jesu vielen erschienen sind (Mt 27, 52f.).
Aber trotz dieser eindeutigen Aussagen ist die »ich«-hafte, zeitlich-materielle Vorstellung von der »Auferstehung« wiedergekehrt. Im Lauf vieler Jahrhunderte ist sie sogar theologisch gerechtfertigt worden und das kann uns nicht überraschen, denn auf diese Weise konnte das »Ich« dem gefährlichen Koan vom leeren Grab ausweichen. Es brauchte nicht sterben, es konnte den Menschensohn sogar weiter peinigen.
Wenn wir uns aber auf das Erlebnis des Thomas einlassen, dann verschwinden die absurden Fragen von selbst. Dann ist das Grab wirklich leer, sogar mit Leiche.

Und dann brauchen wir nichteinmal mehr Angst haben vor der gelegentlich geäußerten These, daß Jesus vielleicht gar nicht tot war, als er vom Kreuz abgenommen wurde. Nichts bestätigt so eine Annahme. Ein Weiterleben Jesu in einem fremden Land oder unter einem fremden Namen würde nicht sehr gut zu dem passen, was wir als den Grundzug seines Lebens kennengelernt haben.
Aber selbst wenn es so wäre, könnte es die Wirklichkeit seiner Auferstehung in keiner Weise beeinträchtigen. Sein physischer Tod ist gar nicht nötig, damit der Geist, aus dem er gelebt hat, in seinen Schülern lebendig werden kann.
Fest steht: Er ist wirklich hingerichtet worden (ob er daran gestorben ist oder nicht). Er hielt der Wahrheit die Treue bis in den Tod. Und die Welt seiner Jünger wurde durch seinen Tod so sehr erschüttert, daß der ewige Kern ihres Wesens die Barriere ihrer Vorstellungen überwinden konnte.

Doch nun zum Bericht über das Erlebnis der Frauen, mit dem der Evangelist Markus seine Darstellung des Lebens Jesu abschließt:

1 Und als der Sabbat vorüber war,
kauften Maria, die Magdalenerin,
die Maria des Jakobus und Salome Essenzen,
denn sie wollten kommen und ihn salben.
2 Und sehr früh am ersten Tag der Woche
kommen sie zum Grab;
die Sonne war gerade aufgegangen.
3 Und sie sagten zu sich:
›Wer wird uns den Stein wegwälzen aus der Tür des Grabes?‹
4 Und als sie aufschauen, sehen sie, daß der Stein weggewälzt war;
er war nämlich sehr groß.
5 Und als sie ins Grab hineingingen, sahen sie einen jungen Mann
zur Rechten sitzen,
umworfen mit weißem Gewand,
und sie waren wie betäubt.

6 Der aber sagt ihnen: »Erschreckt nicht!
Ihr sucht Jesus, den Nazarener, den Gekreuzigten;
er wurde erweckt, er ist nicht hier;
sieh, der Platz, wohin sie ihn gelegt hatten!
7 Doch geht fort, sagt zu seinen Schülern und zu Petrus:
›Er geht euch voran nach Galiläa;
dort werdet ihr ihn sehen, wie er es euch versprochen hat.‹«
8 Und sie gingen hinaus und flohen vom Grab, denn es hielt sie
Zittern und Entsetzen;
und sie sagten keinem etwas, denn sie scheuten sich.

Mit dieser seltsamen Feststellung endet das Evangelium (ursprünglich)! Markus selbst bringt keinen einzigen Bericht über ein Erscheinen des Auferstandenen. Was in unseren Bibelausgaben noch folgt, sind spätere Zusätze anderer Autoren.
Was ist damals also wirklich geschehen?
Frauen wurden nach damaligem Brauch vor Gericht nicht als vollwertige Zeugen anerkannt. Man nahm an, die Wahrnehmungen von Frauen seien gerade in den kritischen Phasen eines Geschehens oft zu sehr durch Gefühle gefärbt. Deshalb hielt man ihre Aussagen für unzuverlässig.
Der Evangelist Markus betont dieses Element noch, indem er schreibt, daß die drei Frauen vor Schreck weglaufen und niemand von ihrem Erlebnis erzählen. Und ausgerechnet von diesen Frauen »wissen« wir, daß das Grab leer war!

Der Evangelist Matthäus konnte das nicht so lassen (Mt 28, 1–8): Zusammengefaßt: »Ein gewaltiges Erdbeben« kommt, ein Engel wälzt den Grabstein weg und setzt sich darauf. Er leuchtet wie ein Blitz, als er den Frauen die Botschaft von der Auferstehung verkündet. Die Frauen fürchten sich auch nicht, sondern sie gehen voll Freude zu den Aposteln. Auf dem Weg erscheint ihnen Jesus und sagt ihnen das, was sie bereits vom Engel wissen, nocheinmal.
Matthäus schmückt die Geschichte sogar noch weiter aus (27,62-66; 28,11-15):

Seiner Version nach ist das Grab bewacht gewesen und die Wachen haben den Engel und die Auferstehung beobachtet. Pflichtgemäß erstatten die Wachen auch Bericht und sie erhalten den Auftrag, zu schweigen und zu behaupten, die Jünger hätten den Leichnam Jesu gestohlen.

Der Unterschied zwischen den beiden Berichten ist offensichtlich. Überspitzt könnte man sagen:
Während bei Markus die Geschichte vom leeren Grab ein Gerücht ist, das von emotionell extrem gestreßten, unzuverlässigen Zeugen in die Welt gesetzt worden ist, wird sie bei Matthäus zu einem Beweis für den übernatürlichen Akt der Auferweckung.
Wie läßt sich dieser Widerspruch lösen?

Bei den Erzählungen über die Erscheinungen des Auferstandenen haben wir bereits gesehen, daß die Frage nach dem Leichnam ein Mißverständnis ist, das von unserem symbollosen, journalistisch- materialistischen Sprachverständnis kommt. Wörtlich-materiell verstanden, lenkt die Geschichte ab vom eigentlichen Geschehen. Das eigentliche Geschehen ist nicht ein äußerliches Ereignis. Es ist die Verwandlung der Schüler Jesu, die, nach einiger Zeit des Nichtverstehens und der Hoffnungslosigkeit, plötzlich echte Nachfolger Jesu werden. Die Geschichte vom leeren Grab ist ihre Vision: Sie sehen, daß die Lebenskraft Jesu nicht im Grab zu finden ist, sondern – in ihnen selbst. Und im Moment dieser Erkenntnis sind sie mit Jesus verbunden. Er ist jetzt für sie da, ganz real. Sie sehen ihn und ihr Sehen ist weder eine Halluzination noch eine Illusion. Er ist wirklich von den Toten auferstanden – in ihnen.
Der Bericht des Markus, der zuerst unbegreiflich erschien, wird jetzt klar:
Die Frauen haben ein visionäres Erlebnis: Sie finden ein leeres Grab. Durch den emotionalen Streß befinden sich die Frauen in einem Zustand der Trance, in dem die Symbolik des Unbewußten die Wahrnehmung bestimmt. Was das Äußerliche, das

Materielle betrifft, ist ihr Zeugnis daher nicht maßgeblich. Aber das Entscheidende in ihrer Aussage liegt nicht im Äußerlichen, sondern in dem, was darin eingeschlossen ist, in der göttlichen Botschaft.

Der Bote Gottes in dem »Ereignis« sagt: Das, was Jesus war, ist nicht im Grab zu finden! Er lebt! Und: Die Apostel sollen nach Galiläa gehen – also dorthin zurück, von wo sie kommen. Dort werden sie ihn sehen.

Auf der Traumebene, auf der das Erlebnis der Frauen stattfindet, ist »Galiläa« nicht ein geografischer Bezirk, sondern ein Symbol für den Ursprung, für ihr Eigenstes, ihr innerstes Wesen, ihre Natur. Dorthin sollen sie zurückkehren. Und: Jesus ist ihnen diesen Weg vorangegangen und er hat ihnen bereits vorher erklärt, daß sie ihm dort wieder begegnen werden.

Die »Frauen« sind also nicht nur historische Personen, sie stehen für die Sphäre des Unbewußten. Soweit ihre Aussagen die materiell-kausale Welt betreffen (das physische Grab), sind sie unzuverlässig; in ihrer eigenen Sphäre aber, der der spontanen, natürlichen Abläufe, ist alles, was sie sagen, von höchster Bedeutung besonders der Hinweis auf die Rückkehr zum Ursprung: In der Besinnung auf das Eigenste liegt der Schlüssel dafür, daß das, was sie an Jesus so bewundert haben, in ihnen selbst erwachen kann. Und dann ist der Traum Realität.

Sicherlich hat Markus nicht in tiefenpsychologischen Kategorien gedacht. Er hat seine Geschichte auch nicht synthetisiert, sondern er hat spontan (vom Geist gelenkt) einen archetypischen Prozeß dargestellt.

Seit je her zeigt uns der Geist immer wieder und immer neu verschlüsselt den archetypischen Verlauf des menschlichen Lebens vom Paradies über den Sündenfall zur Erlösung. Nur darum geht es ja in unseren Träumen und in den Mythen aller Völker. Durch sie sollen wir die Situationen unseres täglichen Lebens in ihrer tieferen Bedeutung für uns erkennen, weil auch sie dem archetypischen Muster folgen.

Und so zeigt uns die Geschichte vom leeren Grab die beiden wesentlichen Faktoren des Erlösungsprozesses: die Unverläßlichkeit der Eindrücke auf der zeitlich-materiellen Ebene, weil die ja vom Baum der Erkenntnis geprägt sind, und die Rückkehr zum Ursprung. Die Geschichte sagt uns also: »Sucht das Leben nicht im Toten (vgl. Lk 24, 5 und Mt 8, 22), sondern an seiner Quelle«.
Und damit rundet sich das Bild.

Die Erscheinungen des Auferstandenen

(Mt 28, 16-20; Lk 24, 36-53; Joh 21)

Der Evangelist Matthäus beendet seinen »Bericht« über das Leben Jesu so:

16 Die elf Schüler aber gingen nach Galiläa auf den Berg,
wohin Jesus sie bestellt hatte
17 und sie schauten ihn und verehrten ihn;
andere aber zweifelten.
18 Und Jesus kam hinzu und redete mit ihnen und sagte:
Mir wurde alle Vollmacht gegeben im Himmel und auf Erden.
19 Geht nun, macht alle Völker zu Schülern,
tauft sie auf den Namen des Vaters und des Sohnes
und des heiligen Geistes,
20 lehrt sie, alles zu bewahren, was ich euch geboten habe;
und sieh, ich bin bei euch alle Tage bis zur Vollendung der Zeit.

Wir haben gesehen, wie gern Matthäus spektakuläre Szenen beschreibt! Im Vergleich dazu ist sein Bericht über das Erscheinen des Auferstandenen geradezu unglaublich zurückhaltend: Es ist bei ihm sogar möglich, zu zweifeln!
Offenbar sagt er, daß der Auferstandene für die Augen »dieser Welt« unsichtbar bleibt. Nur die Auserwählten können ihn »se-

hen«. Aber für die, die glauben, ist Jesus da. Und sie sollen das Glück, das sie durch ihn erfahren haben, hinaustragen in die Welt. Sie sollen alle taufen auf den »Namen« des Vaters und des Sohnes und des Heiligen Geistes, denn in diesen drei Formen haben die Jünger Jesu den lebendigen Gott kennengelernt. Und ihre Schüler sollen ihn genauso erfahren. So wird Jesus für immer bei ihnen sein.

Der Evangelist Lukas läßt im Gegensatz zu Matthäus keine Zweifel zu. Er beschreibt das Erscheinen des Auferstandenen daher sehr drastisch, wie ein materielles Geschehen (Lk 24, 36-43):

36 Und während sie darüber redeten, trat er selbst in ihre Mitte
und er sagt ihnen: Friede euch!
37 Geängstigt aber und in Furcht geraten,
meinten sie, einen Geist zu sehen.
38 Und er sprach zu ihnen:
Was seid ihr verwirrt,
und weshalb steigen Bedenken in euren Herzen auf?
39 Seht meine Hände und meine Füße, daß ich selbst es bin;
berührt mich
und seht, daß ein Geist nicht Fleisch und Knochen hat,
wie ihr es mich haben seht.
40 Und als er das sagte, zeigte er ihnen die Hände und die Füße.
41 Als sie aber noch ungläubig waren vor Freude
und sich wunderten, sprach er zu ihnen:
Habt ihr etwas zu essen da?
42 Sie aber reichten ihm ein Stück gebratenen Fisch;
43 und er nahm und aß vor ihnen.

Ist Jesus nun also doch materiell von den Toten auferstanden? Für einen wie Jesus konnte so ein Tod doch nicht das Ende sein! Zu gewaltig war sein Leben gewesen. Sein Eindruck war nicht mehr auszulöschen. Und deshalb »sahen« ihn seine Schüler nach

der Phase ihrer Verzweiflung, und sie »sahen« ihn so unzweifelhaft, wie Lukas es beschreibt.
Die Erscheinungen des Auferstandenen sind keine Halluzinationen und auch kein Spuk – aber genausowenig sind sie Ereignisse der alltäglichen, journalistisch beschreibbaren Wirklichkeit! Und falls wir uns fragen, was eine Videokamera damals auf dem Bild gehabt hätte, befinden wir uns auf einer Ebene, auf der das Ereignis der Auferstehung nicht zu verstehen ist.
Wem würden Videoaufnahmen von der Auferstehung Jesu helfen?
Von philippinischen Geistheilern gibt es Videoaufnahmen. Sie zeigen blutige Operationen, bei denen oft Fremdkörper aus inneren Organen entfernt werden. Und obwohl viele der Patienten geradezu wunderbar geheilt werden, sind die namhaftesten Trickkünstler davon überzeugt, daß die Heiler ihre Zuseher täuschen.
Auch Videoaufnahmen von der Auferstehung Jesu würden nichts beweisen. Jesus selbst nimmt den Fall ja schon vorweg in seiner Geschichte vom armen Lazarus und vom reichen Lebemann: Sogar wenn einer (nicht auf Video sondern in Person) von den Toten zurückkehren würde, würden die Zweifler nicht glauben.
Warum also wollen wir uns unbedingt auf äußerliche Fakten berufen?
Unsere Frage, ob es sich bei der Auferstehung um ein »reales« Ereignis handelt, schließt eine bestimmte Vorstellung von »Realität« ein, nämlich die des naturgesetzlichen Funktionierens, eines mechanischen Ablaufs. Aber von diesem Vorverständnis aus sind die Zusammenhänge des Lebens nicht zu verstehen. Da sind Visionen etwas Irreales und »Wunder« etwas, das der Natur widerspricht. Krankheiten erscheinen da als Zufälle und Heilung kommt von physikalischen oder chemischen Manipulationen – oder durch ein »Wunder«. Von der Voraussetzung des Glaubens aus dagegen ist die Wirklichkeit eine andere. Da ist das Leben selbst das Wunder und Krankheiten sind

Wegweiser und für die Heilung ist es nur nötig, umzukehren auf den Weg der Wahrheit. Auf dem Weg der Wahrheit aber, der auch der Weg des Geists ist und der Weg der Spontaneität, ist nichts unmöglich (vgl. Lao-tse 62). Da stellt sich die Frage gar nicht, ob etwas möglich ist. Es stellt sich nur die Frage nach der Not-Wendigkeit. Und not-wendig ist nur eines: dem Geist folgen.
Nach dem Tod Jesu mußten sich die Apostel die Wahrheit eingestehen: Sie waren verlassen und führungslos. Und da ist vom Geist die not-wendige Antwort gekommen: Nein, sie sind nicht verlassen. Jesus ist mit ihnen. Und da sahen sie ihn, ganz real, nicht naturwissenschaftlich nachweisbar, aber wirk-lich. Was eine Kamera auf dem Bild gehabt hätte, wissen wir nicht. Aber schon die Frage danach entspricht nicht dem Geist, sondern dem Baum der Erkenntnis. Und der Weg der Erkenntnis führt nicht zum Baum des Lebens.
Die Apostel waren durch die Erschütterung, die der Tod Jesu in ihnen ausgelöst hatte, zum Baum des Lebens zurückgekehrt. Deshalb konnten sie Jesus jetzt »sehen« – auf der dem Baum des Lebens eigenen, ganzheitlich-symbolischen Wahrnehmungsebene: Und da aß er Fisch vor ihren Augen und er lehrte sie das, was sie zuvor nicht hatten aufnehmen können. Und da sahen sie ihn auch in den Himmel auffahren (Lk 24, 51) und zur Rechten Gottes sitzen (Mk 16, 19). Und da wußten sie: Er wird bei ihnen sein bis ans Ende der Zeit (Mt 28, 20).

Und ähnlich zu verstehen ist der Anhang im Johannesevangelium (Kapitel 21).

Die Antworten Jesu auf die Frage nach der Auferstehung

Die Frage der Sadduzäer

(Mk 12, 18 – 27)

In der folgenden Begebenheit geht es um den alten Streit zwischen Pharisäern (den Frommen) und Sadduzäern (den Liberalen) um die Auferstehung. Die Sadduzäer lehnten den naiven Volksglauben eines Weiterlebens nach dem Tod ab und es scheint, daß sie sich – nach den vielen Angriffen Jesu auf die Pharisäer – in dieser Frage von ihm Unterstützung erhofften:

18 Und es kommen Sadduzäer zu ihm, welche sagen,
Auferstehung gebe es nicht,
und sie befragten ihn und sagten:
19 Meister! Mose schrieb uns:
Wenn ein Mann, der einen Bruder hat, stirbt
und eine Frau hinterläßt, aber kein Kind,
dann soll sein Bruder die Frau nehmen
und seinem Bruder Nachkommen erzeugen.
20 Sieben Brüder waren;
und der erste nahm eine Frau,
und als er starb, hinterließ er keine Nachkommen;
21 und der zweite nahm sie und er starb
ohne Nachkommen zu hinterlassen, und ebenso der dritte.
22 Und keiner der sieben hinterließ Nachkommen.
Als letzte von allen starb die Frau.
23 In dem Erwachen, wenn sie sich erheben,
wessen Frau wird sie nun sein?
Denn alle sieben hatten sie doch zur Frau.
24 Jesus sagte ihnen:
Ihr irrt euch; ihr kennt weder die Schriften noch die Kraft Gottes.

25 Denn wenn sie sich aus Totem erheben,
heiraten sie nicht, noch werden sie verheiratet,
sondern sie sind wie Engel in den Himmeln.
26 Über die Toten aber, daß sie erweckt werden:
Last ihr nicht im Buch von Mose beim Dornbusch,
wie Gott zu ihm spricht und sagt:
Ich bin der Gott Abrahams und Gott Isaaks und Gott Jakobs?
27 Er ist doch nicht ein Gott von Toten, sondern von Lebenden.
Ihr irrt euch sehr.

Es scheint klar, daß Jesus hier Partei ergreift für die Pharisäer und für die Vorstellung einer subjektiven Auferstehung nach dem physischen Tod!
Tatsächlich aber ist es nicht so:
Jesus nimmt das Problem, das die Sadduzäer schildern, ernst. Er sagt ihnen, daß diejenigen die meinen, daß es nach dem Tod so ähnlich weitergeht wie vorher, die Auferstehung grundsätzlich falsch verstehen.
Jesus sagt, es wird nicht so weitergehen, denn nach der Auferstehung werden die Menschen sein »wie Engel in den Himmeln«.
Wir sind in Gefahr, nicht zu hören, was Jesus damit sagt, weil wir befangen sind in gewohnten Vorstellungen.
Er sagt: »Sie werden sein wie Engel« – aber wie sind Engel?
Wir wissen, daß Engel Boten Gottes sind. Aber bedeutet das, daß sie unabhängig für sich existieren oder daß sie ein kontinuierliches subjektives Selbstbewußtsein als Engel haben? Das Wesentliche an ihnen ist jedenfalls nicht ihre raum-zeitlich-subjektive Existenz, sondern ihre Botschaft.
Und wenn die Auferstandenen wie Engel sind, so bedeutet das eben vor allem, daß sie nicht mehr für sich leben, sondern daß ihr Leben ein Zeugnis ist, ein Ausdruck der wunderbaren Kraft Gottes.
Wenn wir außerdem mit den Kirchenlehrern annehmen, daß die Menschen im Augenblick ihrer Verwandlung Gott schauen, dann sehen wir, daß sie das nicht können als Hinz oder Kunz,

denn in dem Augenblick, in dem ein Mensch Gott schaut, muß alles Private von ihm abfallen; da ist er nicht mehr separat und in der Zeit, sondern er ist im Ewigen und eins mit dem All. Und so kann er nichts anderes mehr sein als ein Bote Gottes.
Bei den Auferstehungserlebnissen der Apostel konnten wir bereits nachempfinden, daß sich die Frage nach dem subjektiv-persönlichen Weiterleben nach dem Tod nur so lange stellt, als ein Mensch nicht wiedergeboren ist aus dem Geist. Danach, also nach dem Tod seines »Ich«, lebt jeder Mensch aus der Einheit mit dem »Vater«. Alle Loyalitäten, die im Augenblick echt sind, sind darin eingeschlossen; die Loyalitäten »im Zeitlichen« aber sind aufgehoben:

»Wer ist meine Mutter, wer sind meine Brüder«? (Mt 12, 48);
»Wer Vater oder Mutter mehr liebt als mich,
ist meiner nicht wert« (Mt 10, 37);
»Wer Hand an den Pflug legt und zurückschaut,
ist meiner nicht wert!« (Lk 9, 62);
»Laßt die Toten ihre Toten begraben!« (Mt 8, 22)
»Wenn sie aus Totem auferstehen, heiraten sie nicht« (Mk 12, 25).

Und weil die Auferstandenen ganz eins sind mit dem gegenwärtigen Augenblick, verlangen sie keine Kontinuität darüberhinaus. Und genau da öffnen sich die Grenzen von Raum und Zeit. Und da sehen die Jünger den zu Lebzeiten auferstandenen Jesus in der Gegenwart von Mose und Elia (Mt 17, 1-9). Und genau da werden für die, die durch den Tod Jesu erschüttert sind, auch die entschlafenen Heiligen wieder lebendig (Mt 27, 52f.).
Der Tod als Grenze der Zeit existiert eben nur für das »Ich« und nicht für den, der eins ist mit dem Geist. Und deshalb ist Gott nicht ein Gott von Toten, sondern von Lebenden. Abraham, Isaak und Jakob sind zwar gestorben, aber nur für unser »Ich«; für den »Menschensohn« in uns sind sie nicht tot, sondern sie leben. Und die ständige Suchbewegung, mit deren Hilfe unsere Natur das oberflächliche Vorstellungsgebäude unseres »Ich« zu durchzudringen sucht, findet in ihnen lebendige Verbündete.

Das, woran sich die Patriarchen orientiert haben, war eben nicht ein zeitbedingter Mythos oder eine persönliche Ideologie, sondern es war ihr eigenes ewiges Wesen: der Menschensohn, der Geist, JAHWE. Indem sie ihm die Herrschaft zurückgaben, sind sie zu Lebzeiten auferstanden und in die Ewigkeit eingetreten. Und da bleiben sie lebendig, für immer – oder, wie es immer heißt, »bis zur Vollendung des Äons« (Mt 28, 20; 13, 39).
Solange wir in unserer »Ich«-Welt bleiben, sind sie tot für uns, sobald aber der Menschensohn in uns erwacht, werden sie lebendig für uns und wir selbst stehen auf aus Totem und wir werden ganz und ganz gegenwärtig und eins mit dem Ewigen. Und da sind und bleiben wir lebendige Zeugen der lebendigen Wahrheit, wie Engel.
Jesus beantwortet die Frage nach der Auferstehung also nicht im Sinn eines »Weiter«-Lebens »nach« dem Tod, sondern im Sinn des ewigen Lebens hier und jetzt!

Seelenwanderung?

(Mt 16, 13f.; 17, 12f.; 11, 14; Mal 3, 23f.)

Auch in der Art, wie Jesus mit dem alten Volksglauben an die Wiederkehr der Propheten umgeht, verweist er auf das ewige Leben hier und jetzt:

13 Als Jesus aber in die Gegend von Cäsaräa Philippi kam,
fragte er seine Schüler:
Wer, sagen die Menschen, daß der Sohn des Menschen sei?
14 Die aber sagten:
Die einen: Johannes der Täufer,
andere aber: Elia,
andere aber: Jeremia oder einer der Propheten.»

Die Leute meinen, kein Mensch kann tun, was Jesus tut. Einer der Propheten muß in ihm wirken. Sie verstehen nicht, was er tut und sie sehen auch noch nicht, was Petrus schon sieht, nämlich daß in ihm die Quelle selbst erscheint. Was für sie faßbar ist, erinnert sie aber an die Aussage des letzten der alttestamentlichen Propheten, Maleachi, der die ewige Botschaft von der Wiederkehr der Erlösung in die Worte gekleidet hat (Mal 3, 23f.):

23 Sieh, ich sende euch den Propheten Elia
bevor der Tag des Herrn kommt, der große und furchtbare.
24 Er wird das Herz der Väter wieder den Söhnen zuwenden
und das Herz der Söhne ihren Vätern,
damit ich nicht komme und das Land dem Untergang weihe.«

Diese Erwartung benützt Jesus jetzt. Er sagt (Mt 17, 12f.):

Elia ist schon gekommen,
doch sie haben ihn nicht erkannt, sondern mit ihm gemacht, was sie wollten.
Ebenso wird auch der Menschensohn durch sie leiden müssen.
Da verstanden die Jünger, daß er von Johannes dem Täufer sprach.

Und Jesus wird sogar noch deutlicher (Mt 11, 14):

Und wenn ihr es gelten lassen wollt:
Ja, er ist Elia, der wiederkommen soll.
Wer Ohren hat, der höre!

Die Zuhörer sollen aufwachen, denn die Prophezeihung des Maleachi hat sich erfüllt: Elia ist da! Das Ende der Zeit steht unmittelbar bevor! Macht euch bereit für das Kommen des Herrn! Macht euch bereit für eure eigene Wiedergeburt!
Jesus macht hier keine dogmatische Aussage. Abgesehen von der dringenden Aufforderung an seine Zuhörer spricht er ziemlich salopp über die »Wiederkehr des Elia«. Sogar daß er selbst Elia oder ein anderer der alten Propheten sein soll, läßt er gelten!

Er deutet also weder ein subjektives Weiterleben nach dem Tod an noch eine »Wiedergeburt« im Sinn einer »Seelenwanderung«. Woran immer »die Leute« denken mochten bei der Prophezeihung des Maleachi, Jesus meint keine subjektiv-persönliche Wiederkehr, sondern die Wiederkehr des Archetyps oder genauer, daß jeder Mensch vor seiner Wiedergeburt aus dem Geist mit jener Geisteshaltung konfrontiert werden muß.

Übungen zum Thema »Reinkarnation«

In Johannes dem Täufer ist der Prophet Elia wiedererschienen.
Auch in Jesus ist der Geist des Propheten Elia wiedererschienen und ebenso der Geist anderer Propheten.
In manchen Christen ist Jesus wiedererschienen.

Übung: Den Geist des Propheten Elia wachrufen

Setz dich gerade hin, löse dich von allem Äußeren und beobachte für eine Weile einfach deinen Atem, wie er aus- und eingeht. Wenn du innerlich ganz ruhig geworden bist, nimm die Geschichten über den Propheten Elia und lies sie, als ob du jetzt dort wärst. Versetze dich in die Lage des Elia, in seine Zeit, in seinen Körper und erlebe diese Geschichten selbst (1 Kön 19-21, 2 Kön 1- 2).

Der Geist des Propheten Elia ist schon in dir. Er ist in allen von uns.
Die »Naturvölker« kennen ihn als den Geist, der einen Menschen zum Krieger macht. Und sie meinen damit mehr als nur den Kriegsgott, wie Mars bei den Römern oder Ogoun in den Trancetänzen des Voodoo, Macumba oder Candomble.
Der Ruhm des Propheten Elia ist zwar verknüpft mit dem Element Feuer, doch er ist auch ein Meister des Elements Wasser: Er hält ja den Regen zurück und er bringt ihn genau in dem

Moment, in dem er ihn braucht. Und auch die Elemente Luft und Erde meistert er: Wie ein Pfeil durch die Luft schwirrt, läuft er vor den Kriegswagen des Königs Ahab her und dann auf der Flucht legt er sich vertrauensvoll auf die Erde und wartet da bis sie ihm zu essen gibt.
Vielschichtig ist dieser Geist, ganz ähnlich dem des Mose.

Und genau dieser vielschichtige Kriegergeist ist auch in dir – und er erscheint auch, wenn du ihm erlaubst, da zu sein. Du wagst es oft nur nicht, diesen Geist zu zeigen, weil du eingeschüchtert worden bist.
Gerade deshalb aber ist die alte Weissagung so wichtig, daß vor dem Erscheinen des Messias der Prophet Elia kommen muß. Wenn sein Kommen nur ein einmaliges Ereignis wäre, oder sich nur wenige Male im Lauf der Geschichte vollziehen würde, welchen Sinn hätten dann die biblischen Verheißungen für uns? Wo soll der Prophet Elia denn kommen, wenn nicht in uns selbst?
In den Aposteln ist er zu Pfingsten erschienen. Und wann erscheint er in uns?
Es heißt, die Erlösung ist Gnade – und die Gnade ist schon da. Wir brauchen ihr nur erlauben, zu wirken.

Im Propheten Elia ist auch schon das Kind, das dann in Jesus so rein erscheint. Und dieses Kind ist auch in uns. Doch wir unterdrücken es, weil es (auch) störrisch und widerspenstig ist. Wir bedenken nicht, daß es nur deshalb störrisch ist, weil wir es nicht respektieren.
Unsere Aufgabe jetzt ist es, das Kind in uns zu umarmen. Ohne sein Feuer sind wir verloren.
Wir brauchen das Kind nicht domestizieren. Und doch müssen wir es anhalten, sich in seinem eigenen Sinn weiterzuentwickeln. Denn unser Kind ist in der Entwicklung stehengeblieben, sonst wären wir jetzt schon wie der Prophet Elia.
Das Kind hat Freude am Lernen. Unermüdlich trainiert jedes Kind von sich aus die schwierigsten Bewegungen. Aber irgend-

wann haben wir ihm dann unser Programm übergestülpt und da hat das Kind die Lust an seiner Weiterentwicklung verloren. Und da stehen wir jetzt.
Vielleicht brauchen wir jetzt, bevor der Geist des Elia in uns erscheinen kann, so etwas wie Tai Chi, Ai-ki-do, Karate oder Hatha Yoga. Derartige Disziplinen machen den Geist, den das Kind beim Lernen hat, notwendig. Sie helfen daher auch, den Kriegergeist wiederzuentdecken und wiederzubeleben, dieses Spielerische, Tänzerische, die Freude am Ausdruck, an der Pose.
Da ist das Feuer des Elia zu finden.
Und dieses Feuer muß sich in jedem Menschen neu entzünden, bevor der Messias erscheinen kann, der wahre Menschensohn.
Versetzen wir uns also nach einigem Üben erneut in die Geschichten über Elia. Dann werden sie kraftvoller auf uns wirken und sein Feuer wirklich in uns entfachen.

Und wenn du dieses Feuer nun schon spürst:
Betrachte dieses in dir entfachte Feuer für eine Weile in Stille, indem du deinen Atem und die wachsende innere Wärme beobachtest.

Übung: Den Geist Johannes des Täufers wachrufen

Wieder setz dich gerade hin und achte nur auf deinen Atem. Wenn du ganz zur Ruhe gekommen bist, laß dich in deiner Meditation weiterführen:

Erinnere dich an Johannes den Täufer und seinen Geist.
Auch dieser Geist ist in dir. Er schläft nur. Er möchte geweckt werden. Erinnere dich daher an ihn mithilfe der folgenden Beschreibung (Mt 3,1-10):

In jenen Tagen aber kommt Johannes der Täufer.
Er verkündet in der Wüste von Judäa und sagt:
»Kehrt um!
Denn das Königtum der Himmel ist nahegekommen!«

Dieser Johannes wird durch den Propheten Jesaia angesprochen,
wenn er sagt: »Stimme eines Rufers in der Wüste:
›Bereitet den Weg des Herrn, macht gerade seine Straßen.‹«
Er aber, Johannes, hatte sein Gewand aus Haaren von Kamelen
und einen ledernen Gürtel um seine Hüfte;
seine Nahrung aber war Heuschrecken und wilder Honig.
Damals ging Jerusalem und ganz Judäa zu ihm hinaus
und die ganze Umgebung des Jordan,
und sie wurden im Fluß Jordan von ihm getauft,
während sie ihre Sünden bekannten.
Wie er aber viele der Pharisäer und Sadduzäer
zu seiner Taufe kommen sah, sprach er zu ihnen:
»Brut von Nattern, wer hat euch beigebracht,
vor dem kommenden Zorn zu fliehen?
Bringt also Frucht, würdig der Umkehr!
Und meint nicht, daß ihr zu euch selbst sagen könnt:
›Wir haben Abraham als Vater.‹ Denn ich sage euch:
Gott kann dem Abraham aus diesen Steinen Kinder erwecken.
Schon aber ist die Axt an die Wurzel der Bäume gelegt;
jeder Baum nun, der nicht rechte Frucht bringt,
wird ausgehauen und ins Feuer geworfen.«

Bedenke jede Einzelheit und erlebe sie.
Erlebe dich selbst auch als Pharisäer, denn der bist du auch. Geh hin und her zwischen dem Pharisäer und Johannes dem Täufer und laß dich als Pharisäer dann gute Frucht bringen. Dann erwachen Johannes und Elia in dir.
Das ist die eine Meditation. Wiederhole sie, vertiefe sie und baue sie so lange aus, bis du den Geist, den du für deine Verwandlung brauchst, ganz klar spüren kannst.

Der Geist ist auch Hauch. Für eine Weile atme ihn jetzt tief durch die Nase ein in den Bauch und spüre im Rhythmus des Einatmens in Stille die wachsende Fülle des Geists.

Übung: Den Geist des Menschensohnes in uns wachrufen

Wenn du Verbindung hast zu dem Geist des Täufers, geh über zur nächsten Meditation, zu dem, was Johannes weiter sagt (Mt 3, 11f. + Joh 1, 26b):

»Ich taufe euch mit Wasser zur Umkehr.
(Mitten unter euch aber steht er, den ihr nicht kennt
(Joh 1,26b))
Und er, der nach mir kommt, ist ein Stärkerer als ich.
Ich bin es nicht wert, seine Sandalen zu tragen.
Er wird euch mit heiligem Geist und mit Feuer taufen.
Dessen Wurfschaufel ist in seiner Hand,
und durchreinigen wird er seine Tenne,
und einsammeln wird er sein Getreide in die Scheune,
die Spreu aber wird er verbrennen mit unauslöschlichem Feuer.

Bist du Weizen oder Spreu?«
Die Frage gleicht einem Zen-Koan. Ihr Mißverständnis ist zum Anlaß geworden für Pogrome und Völkermorde. Und noch heute bekommen die Menschen bei dieser Geschichte Angst, sie könnten als Spreu ausgeschieden werden.
Tatsächlich klingt es so, als könntest du als Spreu ausgeschieden werden. Das ist, um dich wachzurütteln! Schau dir daher genau an, woher deine Angst kommt. Du wirst feststellen, sie kommt daher, daß du dich identifizierst mit dem, was du machst. Und je nachdem, ob du das als »positiv« oder als »negativ« bewertest, wird dir diese Identifikation zur Depression oder zur Manie. Schau dir daher genau an, was du in diesem Moment tust!
Und dann löse dich von deinen Identifikationen und erinnere dich: Nicht du bist Spreu oder Weizen. Du bist doch ein Ebenbild Gottes. Aber es gibt genug Spreu an dir, die erst vom Weizen getrennt werden muß. Der Messias in dir möchte das tun. Erlaube ihm, seine Wurfschaufel zu gebrauchen!

Und bedenke: Letztlich ist das, was ausgeschieden werden muß, nicht dies oder jenes, sondern eben das »Ich«, das sich mit diesem oder jenem identifiziert und anderes dafür ablehnt. Schau dir genau an, wie du das machst!
Zu Beginn der Meditation ist da zunächst Johannes, der dich eintaucht in den Strom, der die beiden Welten trennt, die Welt des Zeitlichen und die Welt des Ewigen.
In dem Eintauchen erkennst und bekennst du deine Sünden, d.h. du erkennst das, was dich vom Ewigen trennt, dieses überflüssige »Ich«. Es tut dir leid. Du läßt es abwaschen.
Das tut Johannes der Täufer.
Aber dann kommt einer, der stärker ist als Johannes. Der alte »Ich«-Mensch ist nicht würdig auch nur die Sandalen des neuen Menschen zu tragen, der nach dem Untertauchen zum Vorschein kommt. Dieser neue Mensch ist jetzt schon in dir und sobald du Kontakt mit ihm hast, taucht er dich als ganzen Menschen ein in heiligen Geist und in Feuer.
Diesen Vorgang kannst du jetzt nachvollziehen: Spüre den Johannes den Täufer auf in dir und laß dich von ihm zum Messias führen, zum »Menschensohn«.
Nimm dir jetzt also Zeit und laß Johannes den Täufer erscheinen. Male ihn dir ganz plastisch aus und dann schlüpf in ihn hinein. Geh mit ihm durch die Wüste, suche wilden Honig und fange Heuschrecken mit ihm und iß sie. Setz dich hin in der Einsamkeit der Wüste und laß alles Überflüssige von dir abfallen. Du bist allein mit Gott. Er sieht dich. Er sieht die Erbärmlichkeit all dessen, womit du dich identifizierst. Sein Blick brennt diese Identifikationen ab. Und er erfüllt dich mit Feuer. Und du gehst an den Fluß, der Zeit und Ewigkeit trennt. Du gehst durch deinen Tod hindurch.
Laß diese Taufe geschehen, jetzt!
Und bleibe bei dem, was bleibt. Nimm dich selbst wahr, deinen innersten Wesenskern. Spüre die Urkraft darin und schau auf dein Leben von dieser Perspektive aus.
Dann laß deinen eigenen Wesenskern die Wurfschaufel heben und alles, was an dir ist, hochwerfen. Laß den Wind hindurch-

fegen und sieh, wie die Spreu vom Weizen gesondert wird. Und dann laß die Spreu im Feuer verglühen.
Schau genau, was da geschieht, und merke dir den Blickwinkel mit der Wurfschaufel. Und dann geh in deinen Tag hinein und erinnere dich an diesen Blickwinkel, immer wieder, und handle von da aus.

Und wenn du diese Meditation richtig machst, wenn du dich wirklich hineinversetzt in den Geist des Johannes, des Elia, des Menschensohnes, dann wird dieser Geist in deiner Körperhaltung sichtbar werden.
Auf diese Weise hat schon Johannes der Täufer meditiert und Elia ist in ihm wachgeworden. So haben die Apostel meditiert und Jesus ist in ihnen auferstanden. Und so können Elia und Jesus auch in dir erscheinen.

Kehre nun zurück zu deinem Atem. Beobachte für eine Weile in Stille dein Ausatmen und, wenn dein Atem dann zurückkehrt, das Anwachsen der inneren Kraft zu dem Feuer, in dem die Spreu deiner Reinigung verglüht.

»Noch heute wirst du mit mir im Paradiese sein!«
(Lk 23, 42f.)

»Elia« ist immer da, in uns und in den Menschen, die uns begegnen. Aber erst wenn wir bereit dafür sind, kann diese Kraft sich uns zeigen. Für den Menschen in unserem nächsten Beispiel ist das unmittelbar vor seinem Tod geschehen.
Sowohl Markus als auch Matthäus sagen, beide Verbrecher, die mit Jesus gekreuzigt wurden, hätten ihn verhöhnt, aber bei Lukas erkennt einer von den beiden in Jesus den Erlöser. Vielleicht hat das Ereignis auf der materiellen Ebene nie stattgefunden, zumindest auf der geistig-symbolischen Ebene aber ist es eine Realität, als Ergebnis der Inspiration des Evangelisten Lukas:

42 Und er sagte:
Jesus, denk an mich, wenn du in dein Reich kommst.
43 Und er sprach zu ihm:
Amen, ich sage dir: Heute wirst du mit mir im Paradies sein.

Erinnern wir uns nocheinmal an die Aussagen der Menschen, die unmittelbar vor ihrem Tod gestanden haben: Sie machten die erstaunliche Erfahrung, daß ihr »Ich« mit seinen Vorstellungen und Bedenken, mit seiner Angst und seiner Gier, mit einem Mal unwichtig wurde. Etwas anderes trat in den Vordergrund, etwas, das vorher tief in ihnen begraben gewesen war: tiefe Menschlichkeit. Mit einem Mal konnten sie sich selbst ganz verstehen und annehmen. Alle Kränkungen lösten sich und auch alle Schuld. Und was statt dessen kam, war ein Bewußtsein der Einheit mit dem eigenen Wesen. Und das erkannten sie als das Wesen der Natur. Sie waren im Paradies.
Wenn wir diese Erfahrung heutiger Menschen übertragen auf die Situation, die Lukas schildert, können wir das, was Jesus sagt, sehr gut verstehen. Und wir brauchen daraus keine Schlüsse ziehen über ein Leben »nach« dem Tod. Vielmehr sehen wir, daß an solchen Rückschlüssen nur dort Interesse besteht, wo diese Erfahrung fehlt, denn wo sie ist, bleibt keine Frage mehr und kein Wunsch.

Der reiche Mann und der arme Lazarus

(Lk 16, 19-31)

In allem, was Jesus über den Himmel erzählt, spielt er auf diese Erfahrung an, auf diese kostbare Erlebnisweise, auf diese Ebene des Bewußt-Seins, von der aus das Leben so anders aussieht, und von der alle Menschen berichten, die etwas vom Himmel schon selbst erfahren haben. So auch in der Geschichte vom reichen Mann und vom armen Lazarus:

[19]Ein Mensch aber war reich
und er kleidete sich mit Purpur und Feinleinen,
feiernd, täglich glänzend.
[20]Ein Armer aber mit Namen Lazarus
war hingeworfen vor sein Tor, voll mit Geschwüren
[21]und er begehrte, sich zu sättigen
von dem, was vom Tisch des Reichen fiel;
und die Hunde kamen sogar und leckten an seinen Wunden.
[22]Und es geschah, daß der Arme starb
und daß er von den Engeln fortgetragen wurde in den Schoß Abrahams;
es starb aber auch der Reiche und er wurde begraben.
[23]Und im Hades, als er seine Augen erhob, weil er in Qualen war,
sieht er Abraham von weitem und Lazarus in seinem Schoß.
[24]Und er rief und sprach:
Vater Abraham, erbarme dich meiner und schicke Lazarus,
damit er die Spitze seines Fingers in Wasser tauche
und meine Zunge kühle, denn ich leide in dieser Flamme.
[25]Abraham aber sprach: Kind, bedenke,
daß du in deinem Leben deine Güter empfingst
und Lazarus ebenso die Übel;
Er wird daher jetzt hier getröstet, während du leidest.
[26]Und zu alledem ist zwischen uns und euch
eine große Kluft errichtet,
damit die, die von hier zu euch hinübergehen wollen,
es nicht können,
und auch die von dort gelangen nicht durch zu uns.
[27]Er aber sprach:
Dann bitte ich dich, Vater,
daß du ihn in das Haus meines Vaters schickst,
[28]denn ich habe fünf Brüder, daß er sie überzeuge,
damit nicht auch sie an diesen Ort der Qual kommen.
[29]Abraham aber sagt:
Sie haben Mose und die Propheten;
die sollen sie hören.

30 Der aber sprach: Nein, Vater Abraham,
doch wenn einer von den Toten zu ihnen kommt,
werden sie umkehren.
31 Er aber sprach zu ihm:
Wenn sie Mose und die Propheten nicht hören,
werden sie auch nicht überzeugt werden,
wenn einer von den Toten aufsteht.

Werden die Armen und Leidenden hier auf ein besseres Jenseits vertröstet? Tatsächlich ist die Geschichte so verstanden worden: Das Schicksal wird sich wenden. Die Armen werden sich wiederfinden im Schoß Abrahams und die Reichen jedenfalls die, die nur Verachtung haben für die Armen – werden sich wiederfinden an einem »Ort« der Qual. Und von dort aus werden sie sehen, wie die Armen erlöst werden, während sie selbst keine Möglichkeit der Umkehr mehr haben.
Kaum etwas sonst in der Bibel hat unsere Vorstellungen vom »Jenseits« so sehr geprägt wie die Bilder dieser Geschichte. Aus ihnen formte sich der Kern unseres heutigen theologischen Klischees vom »Leben nach dem Tod«.
Aber Jesus benützt die Bilder aus der jüdischen und aus der griechischen Mythologie nicht, um ein »Leben nach dem Tod« zu beschreiben, sondern um etwas über das Leben mitzuteilen. Er zeigt uns, wie sich die Sicht der Dinge verändert, wenn ein Mensch mit seinem Tod konfrontiert ist. Und die heutigen Menschen, die klinisch tot waren und wiederbelebt wurden, bestätigen diese Veränderung der Sichtweise. Wenn ein Mensch vor seinem Richter steht, verblassen die gewohnten Kriterien. Dann sieht dieser Mensch selbst mit den Augen des »Menschensohns«. Und beim Sterben wird diese Sicht unausweichlich. Aber es wäre wünschenswert, wenn es vorher geschähe. Deshalb diese eindringliche Warnung. Denn wenn wir sie nicht hören, müssen wir das Grauen selbst erfahren.
Was das Hören behindert, ist dieses »Ich«, das immer glaubt, es wäre etwas Besseres, das dem Anderen nichts gönnt usw.. Um

unseres eigenen Glücks willen muß dieses »Ich« daher sterben. Und das ist das wichtigste Ereignis unseres Lebens. Denn dann kommt die Erlösung, die Wiedergeburt, die Auferstehung, der Menschensohn.

Jesus beschreibt das Leben immer aus der Perspektive dieses Jenseits. Und den gleichen Blickwinkel hat jeder Mensch, der mit seinem Wesen in Kontakt steht. Aber aus den lebendigen Bildern dieser Geschichte und anderer Aussagen der Bibel wurden dann theologische Kategorien, aus denen Schlüsse gezogen wurden auf ein »Weiter«-Leben vom Körper abgeschiedener Seelen. Und diese Schlußfolgerungen hören sich dann so sehr an wie »Fakten über das Leben nach dem Tod«, daß man später sogar wagte, Menschen im Namen Christi zu ermorden, die solche Schlußfolgerungen nicht als Fakten anerkennen konnten.

Man hatte völlig vergessen, daß es Jesus um das Menschliche geht und daß vor dem Ewigen alle Vorstellungen versagen.

Der neue Sündenfall war unvermeidlich. Und er begann ganz unbemerkt als »Mitteilung einer frohen Botschaft«:

Paulus zur Auferstehung

Das älteste schriftliche Dokument zur Auferstehung Jesu
(1 Kor 15, 3b – 8)

Bereits etwa fünfundzwanzig Jahre nach dem Tod Jesu, also lange vor den Evangelien, gab es eine Kurzfassung der »frohen Botschaft«, eine kurze kultische Formel, durch die den ersten Christen das Wichtigste über ihre neue Religion gesagt wurde, nämlich:

3 daß Christus starb über unseren Sünden,
gemäß den Schriften,
4 und daß er begraben wurde,
und daß er erweckt wurde am dritten Tag,
gemäß den Schriften,
5 und daß er geschaut wurde von Kephas, dann von den Zwölf.
6 Danach wurde er mehr als fünfhundert Brüdern zugleich offenbar;
von denen die meisten da sind bis jetzt, einige aber entschliefen.
7 Danach wurde er von Jakobus geschaut,
dann von allen Aposteln.
8 Zuletzt aber von allen, als wäre es eine Fehlgeburt,
wurde er auch mir offenbar.

Der »Christus« – Grund der Wiedergeburt aus dem Geist

Fast schon eine Fehlgeburt! So empfindet der Apostel Paulus seine Neugeburt aus dem Geist. Er sagt das, um damit auch uns Hoffnung zu machen, denn, wie wir, war auch er ein Nachzügler, der unendlich lange nicht begriffen hat.
Er konnte nichts als Ketzerei sehen bei denjenigen, die bereits geführt wurden vom Heiligen Geist, deren Vorstellungswelt unter dem Eindruck des Todes Jesu bereits zusammengebro-

chen war. Sein Starrsinn ging weit über den des Thomas hinaus. Das Blut Jesu reichte ihm nicht, er wollte mehr Blut fließen sehen, ja er setzte sich total dafür ein, diese verrückte Sekte der »Christen« auszurotten.
Schließlich aber war dann auch seine Welt am Ende. Die Christen hatten etwas, wonach sich auch etwas in ihm tief sehnte: ihr offenes Herz und ihr totales Vertrauen auf die Führung durch den Geist. Trotz der Verfolgungen durch ihn waren sie gelassen, er dagegen war gehetzt. Dieser Widerspruch war auf Dauer unerträglich. Die Umkehr war not-wendig. Und als sie geschehen war, konnte sich Paulus nur wundern, warum er so lange gebraucht hatte, zu begreifen. Und deshalb hat er seine Verwandlung schon fast wie eine Fehlgeburt empfunden.
Saulus (wie Paulus vor seiner Bekehrung hieß) hatte Jesus nie persönlich kennengelernt. Dennoch hielt er sich für kompetent, ihn zu verdammen. Durch die Begegnung mit den Schülern Jesu aber geriet der anmaßende Karrierist (der »Saulus«) ins Wanken und seine wirkliche Natur konnte erscheinen, der »Paulus« (der Geringe). Und der »Paulus« konnte den Erlöser »sehen«.

Jesus ist der Erlöser des Paulus. Aber Paulus nennt ihn nicht einfach »Jesus«, wie die Evangelisten, denn wichtiger als der Mann Jesus, den er nie gekannt hat und der gestorben ist, ist für ihn der lebendige Erlöser, den er erfahren hat. In ihm sieht er den »Messias«, auf den die Israeliten so lange vergeblich gewartet haben. Aber Paulus nennt ihn auch nicht »Messias«, wie die Juden. Er gebraucht das griechische Wort dafür, »Christos«, denn er fühlt sich nicht als Jude erlöst, sondern als Mensch.
Der Erlöser des Paulus hat die heilsgeschichtlichen Grenzen Israels gesprengt, weil er nicht wie ein neuer König David gekommen ist mit militärischer Macht, sondern in der verletzlichen Gestalt eines Menschensohns (vgl. Phil 2, 6-11).
Der Prophet Jesaja (Jes 53) hatte diesen neuen Messias angekündigt und in Jesus hat sich seine Verheißung erfüllt: Jesus war der

»Sklave JAHWE's«, der sich umbringen ließ, damit wir über unsere Schuld hinwegkommen.
Dieser Sklave JAHWE's wurde getötet und er ist begraben worden, aber am dritten Tag wurde er von einigen seiner Schüler »gesehen« und später noch von vielen anderen – zuletzt auch von Paulus.
Sie alle kamen ans Ende ihrer Welt, die einen durch den Schock des Kreuzes, die anderen durch die eindrucksvolle Verwandlung der Apostel.
Und als ihre alte Welt zerbrach, konnten sie sich für den Bereich der Wirklichkeit öffnen, der nur in Symbolen beschrieben werden kann. Und da sahen sie das Bild, das schon der Prophet Jesaja gesehen hat: den Archetyp des Erlösers. Aber sie sahen nicht eine Vision, wie er, sondern sie sahen die Wirklichkeit, denn die Vision war bereits Fleisch geworden in Jesus.
Zuvor hatte ihnen ihr kleinliches »Ich« die Sicht verstellt. Dann aber hatten Schrecken und Sehnsucht die Schranken ihrer Wahrnehmung gesprengt. Und da konnten sie ihn sehen in der Tiefe der Wirklichkeit. Jetzt hatten sie wieder Zugang da hin. Jetzt war ihr eigentliches Ich wiedererwacht: das Ebenbild Gottes, die erlösende menschliche Natur, der Sohn des Menschen, der Christus.
Und genau diese Erfahrung bestätigt die Kirche noch heute in dem alten Gebet zur Taufwasserweihe in der Osternacht, wo es heißt: »Mache zahlreich die Wunder Deiner Wiedergeburt!«

Aber »die Juden« konnten »ihn« nicht sehen. Als Juden konnten sie ihn nicht sehen, weil sich »der Menschensohn« in keine völkischen Schranken pressen läßt. Hätten sie Jesus als Messias anerkannt, so hätten sie damit ihrer Auflösung als Volk zugestimmt, denn es war unvermeidlich, daß mit dem »Christus« eine neue Traditionslinie begann, in der die alten Verheißungen für alle Menschen gelten.
Aber auch das war ja bereits von den Propheten vorhergesagt worden.

Das Volk Israel als solches konnte ihn also nicht anerkennen. Aber seine religiöse Tradition behält trotz der neuen Traditionslinie weiter ihren Sinn. Denn warum sollte der neue Weg nicht mit dem alten koexistieren, gleichsam als ständige gegenseitige Erinnerung an das ursprüngliche Ziel?

Für diejenigen aber, die in Jesus den Messias sehen konnten, ist die Vision der Propheten bereits wahr geworden. Für sie ist »Christus« daher zunächst ein Kürzel für Jesus; aber, wie wir gesehen haben, ist der »Christus« von Anfang an mehr als Jesus, nämlich die allzeit gegenwärtige Gott-Ebenbildlichkeit des Menschen.

Und hier trifft sich die neue Tradition mit der des Buddhismus, denn »Buddha« (»der Erwachte«) ist ja auch nicht nur ein Ehrentitel für den Mann, der Gautama hieß, sondern bezeichnet gleichzeitig die verborgene göttliche Natur allen Seins.

Die Verwandlung, die die Apostel erfahren haben, wurde zwar durch einen besonderen Menschen ausgelöst, durch Jesus, aber einmal ausgelöst, entstand eine Kettenreaktion, die den »Christus« in jedem Menschen wachrufen kann. »Er« wartet ja in jedem Menschen schon lange auf diesen Anstoß. Das Ebenbild Gottes will endlich aus der Sklaverei des »Ich« befreit werden. Und wenn es befreit ist, wird dieser Mensch selbst zu einem »Christus«, zu einem in der Welt erscheinenden Erlöser.

Der »Christus« ist der Sklave JAHWE*'s*

Die Verwandlung geht daher nicht nur von Jesus aus. Nicht nur er nimmt als Knecht Gottes die Schuld und die Schmerzen seiner Mitmenschen auf sich. Jeder Mensch, der seine Unschuld nicht verloren und auch jeder, der sie wiedergewonnen hat, nimmt das not-wendige Leiden auf sich, auch für andere. Das entspricht der menschlichen Natur. Deshalb sagen die Buddhisten, daß ein Erlöster ein »Bodhisattva« ist, ein neuer »Buddha«.

Ganz offensichtlich ist das bei Kindern, die ja spontan handeln. Oft lenken sie durch eine Krankheit oder indem sie verrückt spielen, die Aufmerksamkeit so sehr auf sich, daß die Eltern ihre Probleme miteinander vergessen und solidarisch werden. Wissenschaftler würden vielleicht zugestehen, daß die Kinder so etwas tun, um die Eltern als Eltern für sich zu bewahren, aber es ist mehr als das. Das Kind folgt nicht Eigeninteressen, sondern dem Geist. Etwas in ihm (die endlose Liebe seiner menschlichen Natur) möchte mit dem Menschlichen in den Eltern kommunizieren. Nur dazu inszeniert es die Turbulenzen, unbewußt, aber mit absolut präzisem Timing. Und im Extremfall gehen Kinder sogar spontan in den Tod in Resonanz auf die Situation. Und in genau der gleichen Weise wehrt sich das unschuldige Kind in uns, unser Organismus, (und opfert sich unter Umständen) in einer Krankheit, um unser hartnäckiges »Ich« weich zu machen und ihm zu zeigen, daß es sein eigenes Fleisch und Blut mißhandelt. Und trotzdem beharren wir oft auf unserem Bild von uns und der Welt. Und anstatt die Botschaft unserer Natur anzunehmen und unser mißachtetes, aussätziges Wesen zu umarmen, bekämpfen wir die Krankheit, die sich zu unserem Schutz eingestellt hat, wie einen äußeren Feind.

Der »Sklave JAHWE's«, den Jesaia meint, ist also keine einmalige historische Person, sondern ein Grundzug der menschlichen Natur, die wir gewöhnlich nur deshalb nicht bemerken, weil wir sie mit unseren Unterscheidungen von »gut« und »schlecht« zugemauert haben. Wir identifizieren uns mit diesen Unterscheidungen und wir lassen den Geist nicht durch. Im Kontakt mit dem ursprünglich Menschlichen aber, sei es durch ein Kind, durch eine Krankheit, durch einen spirituellen Meister oder einfach »durch Gnade«, wird der Drang unserer Natur, dem Geist (= der Liebe) zu folgen, wiederbelebt. Und seine Anziehungskraft wirkt umso stärker, umso klarer das Beispiel ist, mit dem wir in Kontakt kommen.

Das Beispiel Jesu war äußerst klar, denn er ist dem Impuls des Geists, der ihn ans Kreuz geführt hat, nicht als unbewußt handelndes Kind gefolgt und auch nicht als blinder Fanatiker, sondern als einer, dessen Bewußtsein ungetrübt war, als einer, der diesen Weg gleichzeitig aus Hingabe und aus völlig freiem Willen gegangen ist. Aus diesem Grund sind durch die Begegnung mit dem Wesen Jesu so viele Menschen verwandelt worden. Sie nannten Jesus ihren Erlöser, den Messias, den »Christus«. Der Name »Christus« erinnerte sie an den Ursprung ihres Wiedergeburtserlebnisses. Und in diesem Namen hatten sie auch eine Formel, mit der sie das, was sie berührt hatte, anderen weitervermitteln konnten.

Aber gleichzeitig wurde mit der Formel auch der Grund gelegt für das spätere Mißverständnis – ganz ähnlich wie damals, als Gideon nach seinem Sieg über die Midianiter ein Symbol herstellen ließ für die Kraft JAHWE's, die diesen Sieg ermöglicht hatte. Zu Lebzeiten Gideons konnte das Symbol die Erfahrung der Kraft JAHWE's wieder wachrufen, später aber trat das Symbol selbst an die Stelle dessen, woran es erinnern sollte; die »Landkarte« wurde verwechselt mit dem Territorium; »Glaube« wurde zum fürwahr-Halten und damit zu einem magischen Aberglauben.

Und das gleiche geschah mit den christlichen Formeln. Im Dienst der Verkündigung beginnt schon bei Paulus eine Akzentverschiebung. Er spricht in seinen Briefen mehr über den Glauben an den »Christus« als über das, was dem leibhaftig erschienenen Christus, nämlich Jesus, wichtig war.

Bei Jesus kommt das Richtige von selbst – wie in der Geschichte vom barmherzigen Samariter – wenn ein Mensch ehrlich und unbefangen seiner inneren Wahrheit folgt. Paulus dagegen betont, in guter pharisäischer Tradition, die Moral. Während bei Jesus noch galt »verwehrt es ihnen nicht«, gelten bei Paulus Ausschlußkriterien. Während bei Jesus das Vorstellungsgebäude des »Ich« außer Kraft gesetzt werden muß, damit der Menschensohn erscheinen kann und der betroffene Mensch zu einem zweiten Christus wird, beginnt bei Paulus ein neues Vorstellungsgebäude zu wachsen.

Das Institutionelle tritt in den Vordergrund. Die Erlösung besteht bei Paulus zwar immer noch in der Erweckung des Menschlichen durch die Begegnung mit dem Ebenbild Gottes, dem »Christus«, aber das geschieht jetzt praktisch nur noch im Rahmen der Mitgliedschaft in der Kirche.

Damit hat die Formel »Christus« einen neuen Akzent bekommen: Ihr Inhalt ist entrückt. Etwas von der Unnahbarkeit des alttestamentlichen Allerheiligsten ist an die Stelle des Menschensohns getreten. Und als sich diese Tendenz im Lauf der weiteren Kirchengeschichte noch verstärkte, war ihr Ursprung, Jesus, darin kaum noch wiederzuerkennen. Anstatt ein Leben aus der Wahrheit des Augenblicks zu ermöglichen, schüchterte der exklusive Anspruch des neuen Mythos wieder ein. Und schließlich wurden die »Christen« wieder auf ein äußerliches Gesetz verpflichtet – was Paulus noch ausdrücklich vermeiden wollte.

Damit war das Menschliche auf das Kirchliche eingeengt (wie zuvor auf das Jüdische) und der alte, unerlöste Zustand war wiederhergestellt. Anstatt der Verbreitung einer frohen Botschaft begann ein neues Proselytenmachen (Mt 23, 13-15). Und von da an wurde die Möglichkeit, zu Lebzeiten verwandelt zu werden (1 Kor 15, 51; Mt 16, 28; Joh 3, 8), nicht mehr erwähnt. Der Himmel war wieder verschlossen und konnte nur noch »nach« dem Tod durch lebenslange Unterwerfung unter die institutionellen Formen der Kirche erreicht werden.

Auch die Kirche war also von Anfang an dem gleichen Entfremdungsprozeß ausgesetzt, der im Alten Bund schon immer neue Propheten und »Offenbarungen« notwendig gemacht hatte.

Da sich diese Struktur aber spontan gebildet hat und in gewisser Weise sogar von Jesus selbst angeregt worden ist, war sich »die Kirche« ihrer Anfälligkeit nicht bewußt. Und tatsächlich war das Nicht-Bewußtwerden dieser Anfälligkeit ein wichtiges Element ihrer (hypnotischen) Wirkung.

Heute jedoch fehlt der Rapport. Weil man sich zu sehr auf die automatische Wirksamkeit der Lehren und Riten verlassen hat, sind sie unbemerkt unwirksam geworden. Bei den immer zahlreicheren »Christen« ist immer weniger von der Erlösung zu merken. Ihre heutigen Nachkommen suchen das Heil daher oft in anderen Traditionen. Und nicht zu Unrecht – schließlich geht es ja auch in den anderen Religionen um die gleiche menschliche Grunderfahrung! »Der Sohn des Menschen« hat eben viele Wege gefunden zur Wiedergeburt aus dem Geist!

Das entspricht der Botschaft Jesu und der biblischen Patriarchen. Und unser Zugang zu diesen Quellen wird erst dann wieder authentisch sein, wenn wir die Relativität der Wege erkannt haben.

Und dann ist die Begegnung mit Jesus oder mit den Patriarchen des Alten Bundes auch nicht mehr kalter Kaffee, sondern etwas, das uns an der Stelle im Leben trifft, an der wir stehen. Dann ist diese Begegnung etwas, das uns verwandelt, etwas, das wirklich das Menschliche in uns hervorbringt, nämlich das Ebenbild Gottes: die sich selbst verströmende Kraft.

Ohne das Erwachen des Erlösers ist der Glaube sinnlos

(zu 1 Kor 15, 12 – 19. 21 – 24. 29f. 32b. 50 – 57)

Im Zentrum der »frohen Botschaft« steht daher das Erwachen des wahren Menschenkinds in uns. Es ist unser innerster Kern und der Erlöser. Und ein Glaube, der nicht zu seinem Erwachen führt, ist sinnlos.

Paulus schreibt im ersten Korintherbrief (1 Kor 15):

12 Wenn aber der Erlöser (der »Christus«) verkündet wird,
daß er aus Abgestorbenen erweckt worden ist,
wie sagen einige bei euch,
daß es ein Aufstehen Abgestorbener nicht gibt?

13 Denn wenn es ein Aufstehen Abgestorbener nicht gibt,
ist auch der Erlöser nicht erweckt worden;
14 wenn aber der Erlöser nicht erweckt worden ist,
so ist unsere Verkündigung leer, leer auch euer Glaube;
15 überführt werden wir aber auch als falsche Zeugen des Gottes,
weil wir gegen den Gott aussagten, daß er den Erlöser erweckte,
der er nicht erweckte,
da doch Abgestorbene nicht erweckt werden.
16 Denn wenn Abgestorbene nicht erweckt werden,
ist auch der Erlöser nicht erweckt worden;
17 wenn aber der Erlöser nicht erweckt worden ist,
ist euer Glaube nichtig, und ihr seid noch in euren Sünden;
18 genauso wären auch die verloren,
die im Glauben an den Erlöser entschlafen sind.
19 Wenn wir allein in diesem Leben auf den Erlöser gehofft haben,
sind wir bemitleidenswerter als alle Menschen ...
29 Denn was werden sonst die tun,
die sich für die Toten taufen lassen?
Wenn Abgestorbene gar nicht erweckt werden,
was lassen sie sich noch taufen für sie?
30 Und wozu sind wir dann in Gefahr jede Stunde?
...
32 Wenn Abgestorbene nicht erweckt werden,
wollen wir essen und trinken, denn morgen sterben wir.
(Jes 22,13)

Warum haben Abraham, Isaak und Jakob, Mose, Gideon, Samuel und David nicht einfach nur gegessen und getrunken? Sie sind die Patriarchen geworden, ohne daß von ihnen Gespräche über die Wiederbelebung von Leichen überliefert worden wären. Ihr Lebensgrund war nicht die Hoffnung auf ein Leben nach dem (physischen) Tod. Es war das ewige Leben. Und da lebten sie bereits. Sie sind schon zu Lebzeiten herausgerufen worden aus den Abgestorbenen und wiedergeboren worden aus dem Geist. Deshalb sind sie die biblischen Patriarchen.

Der Apostel Paulus wußte das natürlich. Es ist für ihn selbstverständlich.

Was meint er also damit, daß der Erlöser (der »Christus«) erweckt wurde und daß Abgestorbene aufstehen?

Er meint, daß er den, der ihn zur Erlösung geführt hat (Jesus), als lebendig erlebt hat und daß in denen, die dem Wesen nach abgestorben sind, weil sie den Kontakt zu Gott verloren haben, das Leben wieder geweckt werden kann – selbst wenn sie physisch bereits gestorben sind.

Und wenn jemand behauptet, so eine Erweckung gebe es nicht, dann macht er die Verkündigung der Apostel zu einer Lügenbotschaft und sein eigener Glaube ist leer und nichtig und er ist noch in seinen Sünden, d.h. er ist selber noch tot. (14)

Und natürlich sind dann auch die verloren, die im Glauben an den Erlöser entschlafen (verstorben) sind, denn dann hätten sie ja nur äußerlich (für »dieses« Leben) auf den Erlöser gehofft. (18f.)

Wenn jemand aber nur äußerlich auf den Erlöser hofft, wenn er also weiterhin der Welt seines »Ich« verhaftet bleibt, dann ist er wirklich ein bemitleidenswerter Mensch, denn dann muß er sich einer fremden (der christlichen) Disziplin unterwerfen, ohne je die Gnade des Heiligen Geists zu erfahren. Dann lebt er wegen seiner Fehler ständig in Höllenangst und er wird daraus nicht befreit. Und so geht es in der Tat manchen, die sich einem christlichen »Glauben« anschließen. (19)

Der Brauch, sich für Tote taufen zu lassen, den Paulus erwähnt, erscheint uns heute sehr seltsam, für Paulus aber war er sinnvoll als eine Möglichkeit, verstorbene Angehörige an der Erlösung teilhaben zu lassen. (29)

Erinnern wir uns an die Menschen, die klinisch tot waren. Sie haben erfahren, daß die Umkehr noch im Prozeß des Sterbens möglich ist. Da ist die letzte Chance zur Wiedergeburt aus dem Geist. Die »in Christus Entschlafenen« werden diese Chance im Sterben wahrnehmen, sofern sie sie nicht schon zu Lebzeiten wahrgenommen haben, denn sie haben sich nach dem Einssein mit dem Geist gesehnt und im Vertrauen auf die Möglichkeit dieses

Erwachens nach den Weisungen Jesu gelebt. Sie werden also noch im Sterben bewußt eintreten ins ewige Leben, das in zeitlichen Maßstäben nicht zu messen ist. Die Berichte derer, die ihrem Tod sehr nahe waren, bezeugen auch den Einfluß der Angehörigen in dieser Phase. Und wie gute Wünsche auch lebenden (dem Geist nach aber abgestorbenen) Menschen bei der Umkehr helfen, können sie den Prozeß der Selbsterkenntnis auch im Sterben fördern. Und das sogar noch, wenn es erst nach dem physischen Tod geschieht, weil der Augenblick der Selbsterkenntnis ja der Zeit enthoben ist – wie der Seher der Geheimen Offenbarung sagt »... daß Zeit nicht mehr sein wird ... in den Tagen der Stimme des siebten Engels« (Offb 10, 6f.).
Die bereits endgültig wiedergeboren sind aus dem Geist, wie der Apostel Paulus und andere Christen, können sich täglich Lebensgefahren aussetzen, denn sie entscheiden nicht mehr selbst, was »gut« ist und was »schlecht«. Sie haben ihr Schicksal »in Gottes Hand« zurückgelegt. Sie vertrauen darauf, daß alles, was geschieht, von Gott gesandt und richtig ist und daß ihnen der Geist die richtige Antwort zur rechten Zeit geben wird. Und sollten sie so (in Übereinstimmung mit dem Geist) in den Tod gehen, sterben sie nicht, denn ihr Ego ist schon gestorben. Der Tod ist bereits besiegt (1 Kor 15, 54f.). Was dann stirbt, ist nur noch eine leere Hülle. Sie aber sind längst im ewigen Leben. Sie sind schon zu Lebzeiten hinübergewechselt in die zeitlose Ebene der Existenz, auf der sich Jesus auf dem Berg Tabor gezeigt hat mit Mose und Elia. Physisch am Leben oder tot, sind sie nicht mehr für sich selbst da, sondern nur noch als Boten Gottes, als Engel (Mt 12, 25). Und dadurch sind sie lebendig, selbst wenn sie dem Körper nach gestorben sind. (30)

Der Tod, der durch die Sünde Adams gekommen ist, war nicht der physische, sondern der geistige Tod, das Abgeschnittensein von der lebendigen Beziehung zum Geist.
Deshalb sagt der Apostel Paulus (1 Kor 15):

21 Denn wie durch einen Menschen Tod kam,
so auch durch einen Menschen das Erwachen Toter.
22 Denn wie in Adam alle sterben,
so werden auch im Erlöser (in »Christus«)
alle lebendig gemacht werden.
23 Jeder aber in der eigenen Ordnung:
Als Erstling der Erlöser,
danach die, die dem Erlöser gehören bei seiner Ankunft,
24 dann das Ende,
wann er übergibt die Herrschaft dem Gott und Vater,
wann er vernichtet hat jede Hoheit und jede Macht und Kraft.

Weil Adam glaubte, er könne sich durch die Unterscheidung von »gut« und »schlecht« »das Gute« im Leben herauspicken und »das Schlechte« vermeiden, durchtrennte er die unmittelbare Verbindung zum lebendigen Geist. Und dadurch starb das eigentlich Lebendige in ihm. Jesus dagegen nahm freiwillig Leiden und Tod auf sich; er akzeptierte auch »das Schlechte« und dadurch brachte er wieder das ganze Leben zum Erwachen – auch in anderen, in denen es abgestorben war. (21f.)

Zu jeder Zeit werden Menschen direkt vom Geist wiederbelebt, und sie werden zu Erlösern für andere (Jes 11,1). Und wenn die Kette abgerissen war, in der der Weg zurück ins Paradies überliefert wird, entsteht dann eine neue Traditionslinie. Und in ihr wird zuerst der Erlöser selbst lebendig gemacht, und dann die, die von ihm lernen, und sobald die Mächte des »Ich« ihren Einfluß verloren haben, ist die Herrschaft wieder Gott übertragen. (23f.)
Für Paulus war Jesus dieser Erlöser, der zweite Adam, der den Sündenfall des ersten rückgängig macht. Er sagt aber nicht »Jesus« war der zweite Adam, sondern »der Erlöser« (»Christus«) ist es. Ob sich Paulus dessen bewußt war oder nicht, er läßt offen, ob es an anderen Orten oder zu anderen Zeiten nicht auch ein anderer sein kann. Auch daß er mit einem Federstrich die ganze Tradition des auserwählten Volkes wegwischt, deutet darauf

hin. Paulus will sicher nicht behaupten, daß nicht auch durch Abraham, Isaak, Jakob, Josef, Mose, David und die anderen Propheten, die Verbindung zum Geist wiederhergestellt worden wäre. Aber es braucht für ihn nur einen, der den Kontakt wiederherstellt, und für ihn ist das Jesus. Und obwohl die engsten Vertrauten Jesu den auferstandenen Mose und den auferstandenen Elia in der gleichen Weise lebend »gesehen« haben, wie auch Jesus nach seinem Tod »gesehen« wurde, ist Jesus für Paulus jetzt der Erste der Auferstandenen. Damit aber kann für einen anderen an einem anderen Ort, zu einer anderen Zeit auch ein anderer der Erste sein, denn »im Hause meines Vaters gibt es viele Wohnungen« (Joh 14, 2).

Und auch das Folgende gilt für alle Menschen aller Kulturen (1 Kor 15):

[50]Dies aber sage ich, Brüder,
daß Fleisch und Blut das Reich Gottes nicht erben kann,
genausowenig wie die Vergänglichkeit die Unvergänglichkeit erbt.
[51]Sieh, ein Geheimnis sage ich euch:
Nicht alle werden wir entschlafen,
aber wir werden alle verwandelt werden,
[52]im Ganzen, in einem Augenblick, bei der letzten Trompete;
denn sie wird trompeten,
und die Toten werden erweckt werden als Unvergängliche
und wir werden verwandelt werden.
[53]Denn es muß dieses Vergängliche eintauchen
ins Unvergängliche
und dieses Sterbliche muß eintauchen in Unsterblichkeit.
[54]Wenn aber dieses Vergängliche eingetaucht ist
ins Unvergängliche
und dieses Sterbliche eingetaucht ist in Unsterblichkeit,
dann wird das Wort erfüllt, das geschrieben ist:
Verschlungen wurde der Tod in den Sieg.
[55]Wo, Tod, ist dein Sieg? Wo, Tod, ist dein Stachel?

56 Der Stachel des Todes ist die Sünde;
die Macht der Sünde aber das Gesetz;
57 Gott aber sei Dank, dem der uns den Sieg gibt
durch unseren Herrn Jesus Christus.

Die letzte Trompete ist der Ruf des Gerichts. Wenn sie ertönt, ist unser jüngster Tag angebrochen. Der Erlöser ist gekommen. Das Ende der Zeit ist da. Und da stürzen die Mauern unserer Vorstellungswelt ein, wie ehedem die Mauern von Jericho. Und in diesem Augenblick werden wir verwandelt, sei es zu Lebzeiten oder im Sterben.

Anders ausgedrückt: Der Erlöser kommt für jeden von uns, wenn wir reif dafür sind. Dann fallen die Mauern und wir verlassen den Bereich des Begrenzten, für den der Baum der Erkenntnis steht, und wir kehren zurück in die Einheit, ins Paradies, zum Baum des Lebens.

Die Mauern unseres Vorstellungsgebäudes hatten wir errichtet, weil wir das Leben nicht so annehmen wollten, wie es war. Mithilfe der Daten aus unseren vergangenen Erfahrungen wollten wir uns ein besseres Leben bauen. Doch der Versuch schlug fehl. Wir schnitten uns selbst ab von unserer Lebenskraft, die ja aus dem Ganzen kommt. Doch das Gericht führt uns zurück in die Einheit. Und da sind wir wieder unmittelbar mit allem verbunden. Und aus diesem Verbundensein erfahren wir in jedem Augenblick ganz genau, was das Richtige für uns ist. Die Japaner würden sagen, wir spüren das »Ki« und dem Ki können wir unbedingt vertrauen. Deshalb brauchen wir uns von da an keine Sorgen mehr machen über die Folgen unseres Tuns. Und wir brauchen uns auch nicht mehr zurückhalten, sondern wir können uns ganz hingeben, wie das göttliche Prinzip selbst es tut.

Nachdem wir unsere Vorstellungswelt abgelegt haben, erfahren wir das Ganze des Lebens in der zeitlosen Gegenwart. Und da ist das Vergängliche eingetaucht in die Unvergänglichkeit und der Tod hat keine Macht mehr.

Aber Fleisch und Blut können hier nicht eintreten, denn die stehen für das Vergängliche, für die Welt des sich Sorgens um »gut« und »schlecht«, für die Welt des Ausgrenzens. Diese Welt schließt sich selber aus. Nur der ganze Mensch erbt und erlebt das Paradies – eben nicht nach einem separaten Willen, sondern nach dem Willen des Ganzen, nach dem Willen des Vaters.

Diesen Weg ist Jesus gegangen. Indem er sogar den Tod nicht ausgrenzte, hat er den Tod besiegt und wurde »erweckt als Erstling der Entschlafenen« (1 Kor 15,20). Und auch uns vermittelt er seinen Sieg über den Tod, weil wir in seiner Nachfolge den Willen des Ganzen (die Wahrheit) wahrnehmen lernen.

Nur daß wir den Willen des Ganzen nicht annehmen (die Sünde), gibt dem Tod Macht.

Und dazu wieder verführt auch das Gesetz. Das weiß Paulus aus eigener Erfahrung, und auch wir haben es so erfahren. Das Gesetz ist die letzte Barriere, denn es gehört noch dem Bereich des Ausgrenzens und damit dem Vergänglichen an, das in Jesus überwunden ist.

Weil das Loslassen des Vergänglichen aber so schwer ist, weil wir dabei ja alles loslassen müssen, mit dem wir uns identifizieren, wurde es üblich, »die letzte Trompete« als ein einmaliges kosmisches Ereignis zu sehen, das die Zerstörung des Planeten Erde oder der Menschheit als solche ankündigt. Auf diese Weise rückte der Jüngste Tag in unendliche Fernen. Anstatt aufzuwachen zur Ganzheit des Lebens, konnten sich die »Gläubigen« nun damit begnügen, die Welt ihrer Urteile mit dogmatischen Glaubensvorstellungen auszustatten – nur um diese dann mit umso größerem Starrsinn sich selbst und anderen aufzuzwingen. Für sie hat Paulus umsonst gesprochen, denn unter diesen Umständen kann dieses Trompeten bis heute noch niemand gehört haben. Und dann ist auch noch keiner verwandelt worden, und es kann auch keiner verwandelt werden, und alle müssen warten auf das Leben

»nach« dem Tod, um zu erfahren, was es mit der Erlösung auf sich hat.
Als Stütze dieser neuen Sicht mußte auch ein Abschnitt des Hebräerbriefes herhalten. Es ist die Darstellung des Todes Jesu als »Opfer«, die schließlich zur Rechtfertigung einer Art kirchlicher Erlösunghaltung benützt worden ist. Nach den folgenden Meditationen und Übungen werde ich darauf noch weiter eingehen.

Meditationen und Übungen

Meditation zum 1. Korintherbrief 15

Viele Texte des Apostels Paulus können dich im Prozeß deiner Transformation unterstützen, wenn du sie in der rechten Weise benützt. Besonders wirksam aber ist der eben zitierte und kommentierte Abschnitt (1 Kor 15, 50- 57).
Falls nötig, geh jetzt den Text noch einmal durch, bevor du die Meditation beginnst.

Dann setz dich gerade hin und laß dich innerlich zur Ruhe kommen, indem du einfach nur auf deinen Atem achtest.

Wenn du ruhig geworden bist, beginne damit, daß du dich hineinversetzt in das, was Paulus beschreibt: in den Augenblick deiner Transformation.
Versuche den ganzen Verwandlungsprozeß jetzt zu erleben. Geh dazu abwechselnd hin und her zwischen dem Text und deinem Empfinden, in dem du dich dem Moment deiner Verwandlung allmählich näherst.
Text und Kommentar benütze dabei wie Wegweiser, die dich näher und näher heranführen. Laß dich besonders von den Gegensatzpaaren leiten, die Paulus beschreibt, denn sie kennzeichnen die Wirklichkeit, in der du stehst: Einerseits bist du Fleisch und Blut, andererseits im Reich Gottes, einerseits ist

dein Leben vergänglich, andererseits reicht es ins Unvergängliche. Beide Zustände sind für dich erfahrbar. So erlaube dir jetzt, zwischen ihnen hin und her zu gehen; spüre die Spannung, die sich dabei aufbaut, die Sehnsucht, die hochkommt, und laß sie anwachsen.
Öffne dich dieser Sehnsucht und vielleicht wirst du dann, nach der langen Phase der Rätselhaftigkeit, plötzlich für einen winzigen Augenblick »von Angesicht zu Angesicht« sehen (1 Kor 13, 12). So flüchtig das Erlebnis auch sein mag, in diesem Moment weißt du dich eins mit dem Schöpfer des Alls.

Und in diesem Einssein kehre zurück zu deinem Atem und verweile.

Und dann geh einen Schritt weiter: Behalte dein Erlebnis der Einheit und nimm es mit in deinen Alltag. Die Anleitung, die Paulus dir im sechsten Kapitel seines Briefes an die Römer gibt, wird dich dabei unterstützen:

Meditation und Übung zum Römerbrief 6
(Röm 5, 20 – 6, 13):

5,20 Das Gesetz aber kam daneben herein,
damit sich die Übertretung mehre;
wo sich aber die Sünde mehrte, floß die Gnade über,
21 damit, wie die Sünde herrschte im Tod,
so dann die Gnade herrsche durch Gerechtigkeit
zu ewigem Leben
durch Jesus Christus, unseren Herrn.
6,1 Was nun werden wir sagen?
Laßt uns bei der Sünde bleiben, damit sich die Gnade mehre?
2 Niemals!
Die wir der Sünde starben, wie sollen wir noch in ihr leben?
3 Oder wißt ihr nicht,
daß alle, die auf Christus Jesus getauft wurden,
daß wir auf seinen Tod getauft wurden?

4 Begraben wurden wir also mit ihm durch die Taufe in den Tod,
damit, wie Christus durch die Erwartung des Vaters
aus Toten erweckt wurde,
so auch wir in Neuheit des Lebens wandeln.

...

11 Beschließt also auch ihr, daß ihr zwar Tote seid für die Sünde,
Lebende aber für Gott in Christus Jesus.

Wie an vielen anderen Stellen der Bibel schwingen auch hier Zusammenhänge mit, die mit dem Text nichts zu tun haben. Gib dir daher zunächst wieder einen neuen Rahmen:

Setz dich gerade hin und achte auf deinen Atem, bis du ganz ruhig geworden bist und offen für das Ursprüngliche.

Nun erinnere dich, wie das religiöse Gesetz in deinem Leben gewirkt hat, als wie unerfüllbar du es erlebt hast und an den Zwang, den du gespürt hast, es zu übertreten; erinnere dich, wie es dir zum Ärgernis geworden ist und wie du es vielleicht sogar weggeworfen hast.
Von dem »mein Joch ist sanft und meine Bürde ist leicht« (Mt 11, 30) konntest du zu manchen Zeiten kaum etwas spüren, du sahst nur die Unbarmherzigkeit des Gesetzes und du entferntest dich davon. Oder du entferntest dich nicht und wurdest angesichts deiner Unfähigkeit, dem Gesetz gerecht zu werden, immer kleiner und ängstlicher. In beiden Fällen vergrößerte sich deine Entfernung von Gott, also die »Sünde«.
Und doch hat dich die Gnade eingeholt und dir das sanfte Joch gezeigt, das dich ins ewige Leben führt: Dieses sanfte Joch nennt Paulus »Gerechtigkeit«. Es beruht auf deiner Fähigkeit, zu spüren, was echt ist, und diesem Spüren zu folgen. Es ist dir bereits geschenkt. Du brauchst das Geschenk nur aufzugreifen: »Die Gnade herrscht durch Gerechtigkeit ins ewige Leben«. Um ins ewige Leben zu gelangen, brauchst du dir nichts Fremdes aufzubürden. Du brauchst nur zu tun, was für dich jetzt wahr ist, dann bist du schon im ewigen Leben. Das hat Jesus auch für dich

entdeckt. Er hat sich seiner Wahrheit geöffnet und in ihr fand er sich verbunden mit dem Vater. Da war das äußerliche Gesetz nicht mehr notwendig.
Unser Gespür für die Wahrheit ist verstellt von Vor-Stellungen und Ideen. Sie aber können uns niemals vermitteln, was jetzt richtig ist, sondern nur, was einmal richtig war. Es fehlt die Unmittelbarkeit, das Lebendige. Wenn du den unmittelbaren Kontakt wiedergewinnen willst, mußt du deine Vorstellungen aufgeben. Und dieser Prozeß ist sehr schmerzhaft. Du meinst, du würdest sterben, wenn du sie losläßt. Aber was stirbt, ist nur deine Identifikation mit deinen Ideen. Jesus hat sogar sein Leben losgelassen, um uns das zu zeigen. Und du wirst es irgendwann auch loslassen. Zu glauben, es unbedingt bewahren zu müssen, ist nur eine Idee, das letzte Hindernis auf dem Weg zur Einheit mit dem Vater. Und du bist auf den Tod Jesu getauft, damit du lernst, selbst diese Vorstellung loszulassen.
Betrachte daher jetzt diese letzte Vorstellung, deine Identifikation mit deinem Leben. Und dann laß sie los! In diesem Moment erwacht etwas viel Ursprünglicheres in dir, nämlich das, was jetzt tatsächlich der Fall ist. Und das macht diesen und jeden weiteren Augenblick deines weiteren Lebens ganz neu und lebendig.
So ist das, sagt Paulus, du kannst es dir selbst ausrechnen und du kannst dich dafür entscheiden. Das ist nämlich die Doppelbedeutung des griechischen Wortes »logizo« im Vers 11, das ich im Text mit »bechließt« wiedergegeben habe.
Du hast die Rechnung bereits nachvollzogen und dich für das Lebendige entschieden, aber das Tote kann dich immer noch erreichen und du mußt dich immer neu für das Loslassen entscheiden und für das neue Leben als Auferstandener.

Kehre nun zurück zu deinem Atem und laß bei jedem Ausatmen das Tote los und mit jedem Einatmen erlaube dir mehr ein Auferstandener zu sein.

Wenn es dir von nun an in bestimmten Situationen dennoch schwer fällt, dich als den neuen Menschen zu sehen, der als

Auferstandener handelt, dann kannst du das, was dich festhält, entweder in der Art der zweiten Übung zum Thema Pfingsten betrachten oder du läßt dich auf die folgende Übung ein:

Übung: Den neuen Menschen erscheinen lassen

Diese Übung habe ich von dem amerikanischen Kurzzeittherapeuten Steve de Shazer. Er sagt seinen Patienten, sie sollen sich vorstellen, während sie schlafen geschieht ein Wunder und ihr Problem ist gelöst. Da das Wunder während des Schlafes geschieht, wissen sie noch nichts davon, wenn sie aufwachen. Wie würden sie es überhaupt bemerken, wer sonst würde es bemerken, was wäre anders? Und in der zweiten Phase schlägt er ihnen vor, sie sollen sich zu gewissen Zeiten so verhalten, als ob das Wunder bereits geschehen wäre. Und auf diese Weise wird für seine Patienten das Wunder tatsächlich allmählich wahr.
Paulus schlägt nun den Römern vor, sie sollen sich als Auferstandene verhalten. Und er zeigt uns damit, daß die Evokation des Wunders nicht eben erst erfunden worden ist. Paulus erleichtert den Römern den Prozeß, indem er ihren Geist auf eine Reise schickt heraus aus den eingefahrenen Gewohnheiten in einen anderen Bereich. Im Geist läßt er sie den Prozeß wiederholen, durch den sie schon einmal das Wunder erfahren haben, neue Menschen geworden zu sein, nämlich bei ihrer Bekehrung. Und wie die Erinnerung an diesen anderen Zustand erwacht, verschiebt sich ihr Standort, und sie werden fähig, als Wiedergeborene zu handeln.
Auch die Patienten von Steve de Shazer manipulieren sich nicht einfach selbst, indem sie so tun, als ob das Wunder bereits geschehen wäre. Der Vorschlag, sich ein Wunder vorzustellen, hebt sie vielmehr auf jene Ebene, auf der das Problem tatsächlich gelöst ist. In jedem Menschen gibt es ja diesen Bereich jenseits der Vor-Stellungen, jenseits der deformierenden Lebenserfahrung, den Bereich des Himmels, des ewigen Lebens, des Menschensohnes. Dieser Bereich ist zu jeder Zeit Teil un-

serer Wirklichkeit. Aus ihm kommen alle echten Lösungen. Und auf ihn können wir immer zählen.
Wichtig bei dieser Übung ist aber auch, die bereits vorhandene Kraft zur Veränderung richtig einzuschätzen und sich nur so viel zuzumuten als auch ausgeführt werden kann. De Shazer fragt seine Patienten daher, wie groß ihre Einsatzbereitschaft ist. Frage dich das jetzt auch und stufe dich ein in eine Skala von 0 bis 10, indem du überlegst, ob du eher nur auf das Wunder wartest oder ob du bereit bist, alles zu tun. Und genau die Portion Kraft, die du auch einzusetzen bereit bist, setze ein. Falls du dich in der Skala bei drei eingestuft hast, tu nicht öfter als einmal pro Woche so, als ob das Wunder bereits geschehen wäre. Dann wirst dich nicht überfordern. Und dennoch wirst du einige Wochen später dem Wunder tatsächlich näher gekommen sein.

Wenn du nun etwas hast, zu dem du jetzt eine Lösung suchst, dann setz dich bequem und aufrecht hin und achte für eine Weile nur auf deinen Atem.

Wenn du ruhig geworden bist, erlaube dir, den Tag nach dem Wunder zu sehen, vom Aufwachen an. Was ist jetzt anders? Woran kannst du erkennen, daß wirklich ein Wunder geschehen ist? Wie werden es die anderen an dir bemerken? Nimm dir Zeit, dir dein neues Leben auszumalen, und dann steig ein.

Eine Variante dieser Übung:

Wenn du in einer bestimmten Situation das Gefühl hast, eingeschlossen zu sein in alte Verhaltensmuster und Begierden, dann stell dir vor: Durch ein Wunder bist du völlig frei. Wie verhälst du dich unter diesen neuen Umständen, was ist die angemessene Reaktion auf die gegenwärtige Situation?
Für einen Moment wirst du dich nun das Richtige tun sehen. Überlege kurz, was davon dir jetzt schon möglich ist, und tu es sofort. Wenn du zu lange überlegst, könnten dich deine alten Vorstellungen einholen. Dann mußt du von neuem beginnen.

Nutze von nun an jede verfahrene Lage als Übung und laß den neuen Menschen immer wieder erscheinen. – Er ist ja schon da und er wartet brennend darauf, endlich aus der Sklaverei der Vorstellungen befreit zu werden.

Bitte verfalle bei den vielen Übungen, die dir hier angeboten werden, aber nicht in eine Selbsterlösungshektik. Sie ist eine nicht geringere Gefahr als das Gesetz oder die kirchliche Erlösungsbuchhaltung, von der nun gleich die Rede sein wird. Du kannst es nicht erzwingen. Und wenn du einen erlösten Zustand erlebt hast, kannst du ihn nicht festhalten. Allein der Wunsch, ihn festzuhalten, kennzeichnet schon wieder den unerlösten Zustand. Die Erlösten nehmen, was kommt, sei es angenehm oder unangenehm und sie wollen nicht irgendwoanders sein als dort, wo sie sind.
Ein alter Sufi-Meister hat einmal zu mir gesagt: »Wenn Allah dich in die Hölle schickt, sag ›danke!‹« In diesem Geist ist es möglich, auch im Unerlösten auszuharren, d.h. einerseits alles zu tun, was möglich ist und andererseits dem Prozeß der Verwandlung doch die Zeit einzuräumen, die er braucht. Du kannst nicht wissen wie viel Zeit du brauchst: »Keiner kennt jenen Tag oder die Stunde, auch nicht die Engel im Himmel, auch nicht der Sohn, nur der Vater« (Mk 13, 32).

Und nun zu der Sicht des Todes Jesu als »Opfer«, der diesen Verwandlungsprozeß ursprünglich unterstützen wollte, später aber auch zu einem Ersatz für ihn geworden ist.

Hebräerbrief: Der Kreuzestod – das Opfer des Neuen Bundes

(Im Anschluß an 1 Kor 15, 3b; Hebr 9, 9-15.27f.)

Den meisten Menschen unseres Kulturkreises erscheint die Idee des religiösen Opfers heute wie ein exotischer Aberglaube und die Vorstellung, Gott habe seinen Sohn geopfert, um uns von unseren Sünden zu erlösen, ist für sie vollends absurd. Und das liegt vor allem daran, daß in den zweitausend Jahren Christentum aus den ursprünglichen Erfahrungen der Apostel ein System geworden ist, das mehr mit Buchhaltung zu tun hat, als mit den unvorhersehbaren Bewegungen des schöpferischen Geists.
In der Welt der Buchhaltung ist ein »Opfer« eine Art Geschäft, nämlich die Kunst, mit wenig Einsatz höchste Gewinne zu erzielen, oder, unvermeidliche Verluste in Grenzen zu halten. Damit aber hatte Jesus absolut nichts zu tun.
Und auch der Autor des Hebräerbriefs verwirft die buchhalterische Opferidee, die natürlich schon damals weit verbreitet war, und er unterscheidet sie ganz klar von dem »Opfer« des »Christus« (Hebr 9, 9-15 . 27f.):

(Im Tempelzelt des Alten Bundes)
9 werden Gaben und Opfer dargebracht,
die den Diener der Bewußtheit
nicht zur Vollendung führen können;
10 es handelt sich um äußerliche Rechtsvorschriften
nur im Hinblick auf Speisen und Getränke
und allerlei Waschungen,
die bis zu der Zeit einer besseren Ordnung
auferlegt worden sind.
11 Christus aber ist erschienen
als Hoherpriester des geschehenen Guten;
und durch das größere und vollendetere Zelt,
das nicht handgemacht, das heißt nicht von dieser Welt ist,
ist er ein für allemal in das Heiligtum hineingegangen,

12 nicht mit dem Blut von Böcken und Stieren,
sondern mit seinem eigenen Blut,
und so hat er eine ewige Erlösung erreicht.
13 Denn, wenn schon das Blut von Böcken und Stieren und die Asche einer Kuh die Unreinen, die damit besprengt werden, heiligt zur Reinheit des Fleisches,
14 wieviel mehr wird das Blut des Christus,
der sich selbst,
(bewegt) durch den ewigen Atem,
Gott als makelloses Opfer dargebracht hat,
unser Bewußtsein von toten Werken reinigen,
damit wir dem lebendigen Gott dienen.

Offensichtlich geht es hier nicht um einen Tauschhandel, sondern darum, daß der Tod Jesu uns erschüttert und unser Bewußtsein von toten Werken (von Zwängen) reinigt. Bei Jesus gab es keine toten Werke. Er ist »durch das größere, nicht handgemachte Zelt« in das Heiligtum hineingegangen. Er verfolgte keine ausgedachten Absichten auch nicht die eines Opfers – sondern er folgte in allem »dem ewigen Atem«, der Wahrheit des Augenblicks. Dadurch hatte er die Kraft eines Messias. Dadurch mußte er aber auch diesen Tod erleiden, in dem die Entfremdung der Menschen seiner Zeit sichtbar wurde.

Seine totale Hingabe an den lebendigen Gott machte auch seine Schüler fähig, die Wahrheit zu ertragen und ihre eigenen Leiden anzunehmen. Sie brauchten sein Leiden als den letzten Anstoß zu ihrer Verwandlung. Aber Jesus hat dieses Schicksal nicht auf sich genommen wegen einer moralischen Idee. Er litt nicht am »Helfersyndrom«. Es war der Wille »des Größeren«, der ihn führte, der Wille des »Vaters«, der Geist.

Alles, was geschieht, geschieht durch den Geist. Und weil Jesus ganz eins ist mit ihm, ist er »der Hohepriester des geschehenen Guten«.

Die Menschen haben sich durch den Sündenfall getrennt von ihm und damit von dem (von selbst) geschehenden Guten. Jesus macht diese Trennung rückgängig. Durch sein Beispiel zeigt er allen das Gesetz des Universums: Es ist die Hingabe. Und Hingabe bedeutet, der Wahrheit des Augenblicks folgen und nicht den Vorstellungen. Hingabe ist ganz natürlich. »Opfer« dagegen kommen in der Natur nicht vor, sie gehören in die Welt der Vorstellungen. Nur vom Standpunkt des »sündigen«, d.h. vom Fluß der Wahrheit abgesonderten, Menschen aus betrachtet, erscheint der Tod Jesu als ein »Opfer«. Und von der Ebene der Vorstellungen aus kann sogar gesagt werden, der Vater habe seinen Sohn geopfert, wegen unserer Sünden.

Daß Jesus diesen Tod sterben mußte, liegt ja tatsächlich an unseren »Sünden« (1 Kor 15, 3b): Nur wegen der Starre der Vorstellungen seiner Schüler ist es für Jesus nötig geworden, diesen Weg zu gehen. Nur wegen unseres hartnäckigen Beharrens auf der Unterscheidung von »gut« und »schlecht« mußte Jesus auf diese Weise zeigen, daß sich ein echter Mensch nicht von Vorstellungen leiten läßt, sondern allein vom Willen des Ganzen – ganz gleich wohin der ihn führt.

Und so ist es auch korrekt zu sagen, daß Jesus durch seinen Tod alle Menschen aller Zeiten erlöst hat, denn alle werden von seinem Beispiel berührt und wer sein Beispiel annimmt, wird verwandelt.

Sogar wenn einer das nicht versteht, wird er erlöst, wenn er nur glaubt, daß er durch den Tod Jesu erlöst worden ist. Es braucht dazu gar keine magischen Transaktionen. Allein in dem Bewußtsein, daß die Erlösung bereits erfolgt ist, kann der Gläubige frei leben, erlöst von aller Angst.

Aus genau diesem Grund hat sich im Buddhismus, genauer, in der Sekte des Amida-Buddhismus, eine fast identische Erlösungslehre entwickelt. Dort wird gesagt, der Buddha habe versprochen, er werde die Früchte seiner Erlösung erst dann genießen, wenn der letzte Mensch den Weg des Buddha erfahren habe. Darauf können sich seine Anhänger verlassen und das macht sie frei von der Sorge um die Erlösung. Sie sind in keinem Fall schlechter dran als der Buddha. Und damit sind sie wirklich erlöst: Sie können ihr Schicksal annehmen und eins werden mit dem Göttlichen.

Aber heute vertrauen die meisten Christen weder darauf, daß die Erlösung bereits geschehen ist, noch glauben sie an eine magische Wirkung. Die Interpretation des Todes Jesu als »Opfer« ist zu einem leeren Klischee geworden, das fast gar nichts mehr bewirkt, jedenfalls in unserer Kultur.

Wenn Nietzsche gesagt hat »Die Christen müßten mir erlöster aussehen«, so hat er damit nur festgestellt, was ohnehin jeder sehen kann: daß die behauptete Erlösung nicht eingetreten ist. Längst ist die Klage des Propheten Jeremia wieder aktuell, der seinen Landsleuten vorwarf, sie meinten, es genüge, ein Mitglied zu sein, und es wäre nicht nötig, sich innerlich berühren und verwandeln zu lassen. Aber in so einem Fall ist jedes Opfer vergeblich, selbst das des Gottessohnes.

Das christliche Erlösungsmodell hat sich also abgenützt. Aber womit kann das Salz, das schal geworden ist, wieder gesalzen werden?

Wir müssen zurückkehren zum Ursprung!

II Leben »nach« dem Tod ?

»Noch vieles hätte ich euch zu sagen,
aber ihr könnt es jetzt noch nicht ertragen.«
(Joh 16, 12)

Jesus und die ewige Welle von Tod und Wiedergeburt

Im Bewußtsein Israels war der Gott Abrahams, Isaaks und Jakobs fast schon tot.
Und genau da ist er in Jesus zu neuem Leben erwacht. Und von Jesus strahlte dieses neue Leben aus in die ganze Welt.
Jesus brauchte dafür weder Argumente noch Maßnahmen – und auch »Wunder« brauchte es nicht dafür! Es geschah vielmehr, weil er vollkommen solidarisch war mit jedem, der ihm begegnete. Das hat alle unmittelbar berührt.
Die Fachleute waren bestürzt und sie verschlossen sich, denn ihrer Autorität fehlte der lebendige Beweis, den Jesus erbrachte. Aber die, denen die enge Auslegung des Gesetzes bereits die Luft abschnürte, ließen sich von ihm befreien und sie wurden verwandelt. In seiner Gegenwart entdeckten sie ihre eigene Menschlichkeit und Originalität. Sie konnten den Geist wieder spüren und die spontane Bewegung, die von ihm kommt. Sie waren wie neu geboren. Und so ist es ganz natürlich, daß sie in ihm den Erlöser sahen.
Andere aber waren zu verstrickt in ihre Welt. Sie hatten JAHWE, den Kern ihres Wesens, unwiderruflich ins »Jenseits« projiziert – und Jesus hielten sie für einen Gotteslästerer, weil für ihn das Reich Gottes bereits da war.

Diese Gruppe aber gab den Ton an in jener Zeit. Und damit befand sich das »auserwählte Volk« als Ganzes in einer verfahrenen Lage.
Es war nicht das erste Mal, daß das geschah. Der Glaube der Väter war schon öfter zum Buchstaben erstarrt. Und immer wenn die Erfahrung des lebendigen Gottes schwand, zerbrach auch die Einheit des Volkes in ein Gewirr gegensätzlicher religiöser und politischer Vorstellungen. Spontane Menschlichkeit konnte sich da nicht mehr durchsetzen. Aber ohne das natürliche Miteinander verloren die Israeliten die Kraft, sich abzugrenzen und selbständig zu leben. Und damit verloren sie auch ihre politische Unabhängigkeit. Jedes Mal, wenn ihr Gott nur noch eine Idee war, gerieten sie in Not und sie erlagen den Angriffen äußerer und innerer Feinde.
Aber immer wenn die Not dann da war, kehrte sich der Prozeß um. Aus der Verzweiflung tauchten Lösungen auf und die Kraft, sie umzusetzen. Propheten erhoben sich und erinnerten die Menschen an ihren Bund mit JAHWE und daß nur darin die Lösung liegen kann. Und das Volk erinnerte sich, daß es um die Hingabe geht. Es erneuerte seinen Bund und die volle Kraft kehrte zurück.
So auch zur Zeit Jesu: Die ewige Welle zwischen Entfremdung und Erlösung hatte wieder den Punkt erreicht, an dem die Umkehr kommen muß. Und da brachte die ewige, jenseitige Natur aus dem morschen Stamm einen frischen Trieb hervor: Jesus – genau wie der Prophet Jesaja es vorhergesagt hatte.
Jesaja hat diesen Prozeß der stetigen Erneuerung beobachtet, siebenhundert Jahre vor dieser Zeit, als das Reich des Königs David endgültig zerbrach. Er sah, daß sich der wahre Mensch immer wieder zeigt – waren die Menschen doch von Ewigkeit her geschaffen nach Gottes Bild!
Aus diesem Wissen heraus konnte er den Messias ankündigen, den »Immanuel«, den »Gott mit uns« (Jes 7, 14) »aus dem Stumpf Isai's« (Jes 11, 1).

Die Christen sind es gewohnt, seine Weissagung ausschließlich auf Jesus zu beziehen, aber sie betrifft natürlich nicht nur ihn, denn der »Immanuel« kommt immer wieder, und zwar überall, wo es Menschen gibt, denn alle sind ja geschaffen »nach Gottes Bild«.

Die ganze Bibel bezeugt das. Sie besteht ja fast ausschließlich aus Berichten und Gleichnissen über die ewige Wiederkehr der Erlösung, denn wie in einer ewig wiederkehrenden, unaufhaltsamen kosmischen Welle wiederholt sich in der Geschichte stets der gleiche archetypische Vorgang:

Es beginnt in der Einheit mit JAHWE, in der harmonischen Beziehung zum Ewigen, im Paradies. Dann kommt die Versuchung, die verführerische Idee, das Leben mit Hilfe der Konzepte »gut« und »schlecht« noch besser steuern zu können. Das scheint zunächst zu funktionieren, aber die Konzepte verdrängen die ursprüngliche Führung durch den Geist, bis diese Führung kaum noch wahrgenommen werden kann. Kollektive Entfremdung und Not sind die Folge – die »Strafe«. Nun helfen die Konzepte (die fremden Götter) nicht mehr. Die Menschen rufen um Hilfe zu dem ihnen unbekannt gewordenen Gott. Sie besinnen sich auf ihren Ursprung. Und da entdecken sie ihre Natur und in ihr den lebendigen Gott, JAHWE. Sie kehren um und erfahren die Rettung. Auferweckt und eins mit dem Geist leben sie in Wohlstand und Frieden. Durch Gewohnheit und Achtlosigkeit aber taucht erneut die Versuchung auf, das Leben durch Ideen zu steuern. Neue Konzepte gewinnen Macht über das Leben. Entfremdung setzt ein – usw..

Mit Jesus war diese Welle wieder an ihren Ausgangspunkt zurückgekehrt, aber zum Stillstand ist sie auch durch ihn nicht gekommen. Auch die historische Bewegung, die von ihm ausgegangen ist, ist dem Verfall unterworfen, denn das ständige, rhythmische Pulsieren zwischen Tod und Auferstehung ist überall und seit je her da: Genau besehen ist es das »Zittern des göttlichen Atems über der Urflut« (Gen 1, 2), die ewige Bewegung des Geists.

Alle Maßnahmen, die getroffen wurden, um die Wiederkehr der Entfremdung zu vermeiden (dogmatische Formulierungen, Kodifizierungen, Institutionalisierungen, Inquisition, Ketzerprozesse usw.), konnten den Prozeß nicht aufhalten, im Gegenteil! Sind die ursprünglichen Formen noch echte Früchte vom Baum des Lebens, spontan und vom Geist initiiert – so stammen die späteren Maßnahmen zu ihrer Durchsetzung von »Ich«-Interessen, Angst, Mißtrauen, Unglauben. Keine Spur mehr davon, daß Jesus den Vater im Geist und in der Wahrheit angebetet wissen wollte und nicht hier oder dort oder so oder so. Und so hat die frohe Botschaft vom ›Gott mit uns‹ durch den (angeblichen) Versuch, die Wahrheit und den Geist zu bewahren, die unmenschlichsten Formen angenommen.
Jesus hat das vorhergesehen. Er hat gewarnt vor dem Versuch, die Wahrheit und den Geist festzuhalten, weil sie flüchtig sind »wie der Wind« (Joh 3, 8). Aber seine Warnung war vergeblich.

Global gesehen ist die Wiederkehr der Entfremdung unvermeidlich. Solange wir die Neugeburt aus dem Geist noch nicht erlebt haben, versuchen wir ja fast automatisch, die auf die Auflösung unserer »Ich«-Welt drängenden religiösen Bilder an unsere Vorstellungen anzupassen.
Für die Illusion, wir könnten dem Übel durch Berechnung und Anstrengung entkommen, deuten wir alles um; was wir wahrnehmen genauso wie die religiösen Symbole, sogar den Tod Jesu, die Auferstehungserlebnisse seiner Schüler und sein Vermächtnis in den Sakramenten. Was uns erschüttern sollte, heben wir empor in eine jenseitige Sphäre und von dort aus verarbeiten wir es unbemerkt weiter zu einer bloßen Theorie oder zu einem unglaublichen Märchen. So kann uns die Religion schließlich sogar helfen, das System zu untermauern, das uns seit dem Sündenfall steuert.
Daher hatten Propheten immer schon darunter zu leiden, daß sich ihre Zeitgenossen hinter einer religiösen Fassade verschanz-

ten, und daß das, was sie »Gottesdienst« nannten, den Geist nicht mehr hervorrief, sondern abtötete.
Von Zeit zu Zeit unterliegen ganze Völker derartigen Selbsttäuschungen. Und dann nehmen Spaltung und Entfremdung zu bis der Schmerz zu groß wird, bis die ewige Welle von Verfall und Wiedergeburt wieder den unteren Wendepunkt erreicht, bis ein neuer Erlöser erscheint.

Eine alleinseligmachende Doktrin?

»Du sollst dir kein Bild machen …« (Ex 20,4)

Obwohl es zweifellos Umstände gibt, unter denen die Lehre von der allein-selig-machenden Religion berechtigt ist, weil ein ganzer Kulturkreis darin Frieden finden kann, daß es keine Wahlmöglichkeit gibt – aber in unsere pluralistische Kultur paßt diese Doktrin nicht. Es gibt die Wahlmöglichkeit nun einmal.
Und dennoch ist dieser Anspruch, den das Christentum und andere Religionen erheben, grundsätzlich richtig – sofern Menschen auf dem Weg dieser Religionen wirklich zurückfinden zur Unschuld.
Es wird nur immer wieder vergessen, daß nicht die Religion die Umkehr bewirkt, sondern der Mensch aus dem Ewigen (der »Menschensohn«), der in uns erscheinen möchte. Die Umkehr kommt, weil das Menschliche nicht auf Dauer unterdrückt werden kann. Es zeigt sich in jeder Kultur und in jedem Menschen immer wieder und in Einzelnen erscheint es ganz rein.
Jesus war so einer, in dem der Mensch aus dem Ewigen erschienen ist. Die Erscheinung war so klar, daß in ihm »der« Menschensohn, ja sogar »die Güte und die Menschenfreundlichkeit Gottes« gesehen wurde. Und deshalb drängt sein Beispiel alle, die ihn kennen, dazu, ihren eigenen Ursprung im Ewigen wiederzuentdecken.

Aber Jesus ist nicht der einzige, in dem der »Menschensohn« erschienen ist. Auch andere sind ganze Kinder Gottes, auch durch sie kommt der Geist. Schon vor Jesus gab es sie und nach ihm ist es nicht anders. Jesus ist weder der erste Erlöser, noch der letzte, denn die Welt steht nicht still. Es ist seit je her immer wieder nötig, zum Ursprung zurückzukehren. Die Menschheitsgeschichte verläuft nicht als heilsgeschichtliche Einbahnstraße von der Ursünde zur Erlösung, sondern im pulsierenden Rhythmus von Tod und Auferstehung.

All das können die Christen zugeben, ohne daß es der Bedeutung Jesu den geringsten Abbruch tut – auch nicht was seine göttliche Natur und seine Einzigartigkeit betrifft – denn er bleibt der Erste und der Letzte, das Alpha und das Omega, für alle, denen durch ihn die Möglichkeit der Umkehr zum Bewußtsein kommt.

Im Lauf der Geschichte hat es viele Linien dieser Bewegung zwischen Einheit und Entfremdung gegeben. Es sind die Linien der Kulturen und deren Religionen. Alle sind aus einer Rückkehr zum Ursprung entstanden, aber nicht alle haben überlebt. Manche dieser Linien sind erstarrt. Die Tradition diente nicht mehr dem Geist. Sie hatte ausgedient.

Auch die christliche Tradition hat heute für viele ausgedient. Weil sie den Geist in ihr nicht mehr spüren können, suchen inzwischen Unzählige bei anderen Traditionen nach Erleuchtung.

Und sie finden die Erleuchtung auch – letztlich aber nicht in der äußeren Form irgendeiner Religion, sondern in der Hingabe, denn im Kern der (menschlichen) Natur gibt es nur ein Bestreben: Eins zu werden mit dem Ewigen.

Aus diesem Grund machen sich die Buddhisten leer, deshalb stimmen sich die Chinesen auf das »Tao« ein und deshalb sagt Augustinus: »Unruhig ist unser Herz – bis es ruht in dir!« Immer und überall geht es um den Zustand, in dem das »Ich« sich nicht mehr separiert, um den Zustand der Hingabe. Und dieser Zustand ist das einzige »Allein-Seligmachende«. Da erscheint der »Menschen-

sohn« und da erfährt sich jeder Mensch als das (einzig) geliebte Kind Gottes: »Du bist mein geliebter Sohn ...« (Mk 1, 11).
Die Christen haben zwar recht, wenn sie meinen, sie hätten den allein selig machenden Weg zur Hingabe, aber die Moslems glauben das gleiche mit dem gleichen Recht. Auch der Islam ist ja keine willkürliche menschliche Erfindung. Mohammed war eben ein Mann der Hingabe, ein echtes Medium für den Willen des Ganzen. Weil er ihm kein »Ich« entgegensetzte, konnte der Geist durch ihn eine adäquate Antwort geben auf die Nöte seines Volkes und seiner Zeit.
In Asien ist es der »Buddha«, der den Weg gefunden hat zum Verlöschen des »Ich« und damit zur Einheit mit allem. In Indien sind es die Gurus. Und die »Naturvölker« haben ihre Medizinmänner und Schamanen.
Alle Kulturen haben immer wieder echte Erlöser hervorgebracht. Und sie alle zeigen gangbare Wege. Und alle, die ihnen wirklich folgen, die sich hingeben, werden erlöst und schließlich selber zu Erlösern.
Historischer und psychologischer Ausgangspunkt der Hingabe und damit einer jeden lebendigen Tradition ist immer und überall die Erfahrung der momentanen Abwesenheit des »Ich«:
Etwas fängt unsere Aufmerksamkeit ein. Das Denken setzt aus. Wir nähern uns, um genauer zu sehen. Und bis wir wieder erkennen, sind wir vorurteilslos und offen für den Geist. Und da erleben wir die Ewigkeit – und darin, unverzerrt, Menschlichkeit, Geborgenheit, Kraft, Identität. So erkannte Mose JAHWE im brennenden Dornbusch und genau so kommen auch wir zu unserer Neugeburt.
Die Propheten aller Kulturen haben das erfahren und sie haben Formen gefunden, in denen ihr sich-Annähern nachvollzogen werden kann. Später allerdings haben sich diese Formen oft verselbständigt und sie wurden von Menschen gebraucht, die den Geist nicht hatten. Und dann konnte die alte Erfahrung darin kaum noch übermittelt werden.

Das Vertrauen in die eigene Tradition ist deshalb bei vielen erschüttert. Wenn wir aber ernsthaft nach menschlicher Entwicklung und nach der ursprünglichen Kraft suchen, können wir den Geist hinter den alten Formen immer noch aufspüren und dann haben wir den Weg wiederentdeckt, der uns wegführt von Ideologien und von unserer persönlichen Geschichte, hin zu unserer Geist-Natur. Und alle, die sich auf diesem Weg befinden, werden sich irgendwann, ungeachtet ihrer Religion, Nation oder anderer Klassifikationen, in einer einzigen Gemeinschaft finden, im »Frieden der Menschen des Wohlgefallens« (Lk 2,14).

Der prophezeihte neue Bund

Auf dieser Ebene war Jesus. Er folgte keiner Doktrin. Er folgte nur seiner Geist-Natur. Durch sie spürte er zu jeder Zeit genau, was notwendig war. Durch sie sah er, unter anderem, daß das »Volk Gottes« als solches verschlungen zu werden drohte von der so außerordentlich effektiven, politischen und geistigen Macht der Römer.

Die Rückkehr zu einer unabhängigen Theokratie im alten Sinn war nicht mehr möglich. Die erlösende Erneuerung mußte den Rahmen der spezifisch jüdischen Kultur sprengen. Jesus mußte den Schwerpunkt vom Staatlichen, wo Moses ihn gesetzt hatte, auf das Persönliche verlagern. Er mußte das religiöse Gesetz zurückführen auf den menschlichen Grund.

Und genau das hatte sich schon beim Propheten Jeremia angekündigt, der sechshundert Jahre früher in eine ähnliche Situation gekommen war, kurz bevor die Israeliten in die (zweite) Babylonische Gefangenschaft verschleppt wurden.

Schon für Jeremia ist die Erkenntnis JAHWE's nicht mehr gebunden an Kultur oder Religion: Ihr Grund liegt in der menschlichen Natur, die von Ewigkeit her Gott spiegelt. (Jer 31, 33f = Hebr 8, 10f):

Spruch JAHWE's:
Ich lege mein Gesetz in sie hinein und schreibe es auf ihr Herz.
Ich werde ihr Gott sein und sie werden mein Volk sein.
Keiner wird mehr den anderen belehren,
man wird nicht zueinander sagen: Erkennt JAHWE!
sondern sie alle, groß und klein, werden mich erkennen.
Spruch JAHWE's.

Und genau das bestätigt Jesus in seinem Gespräch mit der Samariterin am Jakobsbrunnen (Joh 4, 21 – 24):

21 Eine Stunde kommt,
da ihr weder auf diesem Berg noch in Jerusalem
den Vater verehren werdet ...
23 Eine Stunde kommt, und jetzt ist sie da,
da die wahren Verehrer
den Vater in Geist und Wahrheit ehren werden;
und der Vater sucht gerade solche Verehrer.
24 Gott ist Geist,
und die ihn ehren,
müssen ihn im Geist und in der Wahrheit ehren.

Das ist der immer neue Bund mit Gott – aber aus diesem ewig neuen Bund ist inzwischen erneut ein alter Bund geworden – paradoxerweise gerade unter Berufung auf die Vision des Jeremia:
Zwar hat der Autor des Hebräerbriefs, der Jeremia zitiert (Hebr 8, 10f.),dessen Feststellung zurecht in Jesus erfüllt gesehen, aber indem er darin gleichzeitig eine Prophezeihung sah für einen spezifischen neuen Bund, der mit Jesus beginnt, konnte sich das von Jesus Gelöste erneut fixieren. Und so ist aus dem »Allgemeinen«, dem »Kat-holischen«, das für die menschliche Natur sprach, wieder etwas Besonderes geworden, schließlich sogar »römisch-katholisch«, genauso speziell wie damals die Höhenheiligtümer der Samariter oder der Tempel in Jerusalem. Die

Frage der Samariterin ist daher heute genauso aktuell wie damals und ebenso die Antwort Jesu.

Solange die traditionellen religiösen Formen in einer Kultur selbstverständlich gelten, ist diese Frage noch nicht akut. Aber heute sind die Religionen überall auf dem Weg, zu bloßen historischen Kuriositäten zu werden. Ein ungeheurer Reichtum scheint verloren zu gehen. Und gerade da zeigt das letzte Funkeln der vielfältigen Formen die eine universelle Wahrheit, auf die – neben vielen anderen – auch Jeremia und Jesus hingewiesen haben.

Überall, wo es Menschen gibt, haben sie seit je her Wege gefunden zu ein und demselben unsterblichen Ziel: zur inneren Wahrheit, zur Wiedergeburt, zum Geist, zu Gott, zum Tao, ins Nirwana. Wir brauchen uns daher keine Sorgen machen wegen des Verfalls. Solange es Menschen gibt, werden sie immer wieder fähig sein, den Geist und die Wahrheit aufzuspüren.

Heute ist niemand mehr durch seine Tradition gebunden. Jeder kann die Grenzen seiner Kultur überschreiten und den Weg nehmen, auf den sein Schicksal ihn führt zu der einen Wahrheit jenseits der vielfältigen Formen. Die Menschen sind geradezu dazu gezwungen, Gott im Geist und in der Wahrheit anzubeten.

Die Missionierung ist daher zuende. »Keiner wird mehr den andern belehren und sagen ›Erkenne JAHWE!‹«. Unsere Natur selbst führt uns zu »ihm« hin.

Und so erfüllen sich heute vielleicht zum ersten Mal die alten Visionen von dem neuen und ewigen, weltweiten Bund mit Gott, in dem es nicht mehr um die Frage geht, wie ein Mensch zur Wiedergeburt aus dem Geist kommt, welche Religion er hat oder welchem Meister er folgt, weil doch alle im Ziel übereinstimmen, nämlich sich ganz dem Leben hinzugeben und sich allein vom Geist bewegen zu lassen.

Wie das Klischee die heutige Form angenommen hat

Jesus hat seine Schüler zurückgeführt in den einen, ewigen und immer neuen Bund mit Gott, in das Leben »aus dem Geist und aus der Wahrheit«.

Und daher lautet die »Frohe Botschaft« des Neuen Testaments: Die Jesus nachfolgen, werden »erweckt werden« aus einem Zustand der Abgestorbenheit; sie werden »wiedergeboren werden aus dem Geist«; der »Sohn des Menschen« wird in ihnen erscheinen; das Herz wird ihnen aufgehen; sie werden erwachen zu ihrer Ganzheit, zu ihrer Ewigkeit – und daraus werden sie die Einzelheit und das Zeitliche erst wirklich begreifen. Das haben die Apostel erfahren und die späteren Nachfolger Jesu erfahren es immer noch, indem sie ihr Leben aufbauen auf den Glauben an die »Auferstehung«, an die »Ankunft des Menschensohnes«, an die »Wiederkunft Christi«. Schon die Patriarchen und Propheten haben ihr Leben genau darauf begründet. Nur so konnte der Erlöser (der Christus) in ihnen erscheinen. Und nicht anders ist auch Jesus zum Bewußtsein seiner selbst gelangt. In diesem Glauben konnte er die Schwere seines Schicksals annehmen. Und durch diesen Glauben vermochten schließlich auch seine Schüler ihre ängstliche Unterscheidung von »gut« und »schlecht« loszulassen und zurückzukehren zum Baum des Lebens.

Jesus ist den Weg dieses Nicht-Unterscheidens bis ans Ende gegangen und das ist es, was die Menschen seither so stark bewegt. In den historischen Ereignissen seines Lebens ist diese Möglichkeit für alle sichtbar und spürbar geworden. Deshalb haben die Christen diese Ereignisse in ihr Glaubensbekenntnis aufgenommen. Dadurch aber haben sie gleichzeitig die Möglichkeit geschaffen, den Glauben doktrinär zu verstehen als ein Für-wahr- halten historischer Fakten. Doch von dieser Art »Glauben« wird niemand bewegt. Statt dessen verschiebt sich die Erlösungserwartung aus dem Leben hinaus in eine Zeit nach dem physichen Tod.

Die vorher synonym verwendeten Bilder »Auferstehung«, »Wiederkunft Christi«, »Wiedergeburt aus dem Geist«, »ewiges Leben«, »Himmel«, »Reich Gottes« usw., spalten sich nun voneinander ab. Aus den vielen Umschreibungen für das Erwachen der Gottebenbildlichkeit des Menschen werden verschiedene, quasi materielle Details eines neuen Mythos, denn jeder dieser Ausdrücke bezeichnet nun ein anderes zeitliches Element einer neuen »Eschatologie«. Und so entsteht im landläufigen theologischen Verständnis eine weltgeschichtliche Reihenfolge der im Zuge der Erlösung erwarteten Ereignisse – und die symbolische Bedeutung, d.h. der Hinweis auf konkrete Entwicklungsschritte im eigenen Leben, tritt mehr und mehr in den Hintergrund. Und die Zeichen der Zeit, die Jesus so wichtig waren, werden ganz aus dem Blickfeld verdrängt.
Logischerweise hatte dieses materialistische Bild des Weges ins Jenseits außerdem grausige materielle Folgen: Nun konnte man die Menschen auf Erden sogar quälen und umbringen, um dadurch ihre ewig lang lebende Seele zu retten.
Natürlich haben die Menschen einen Ausweg aus dieser Zwangslage gesucht – und sie haben ihn gefunden in einem Antimythos, in den Wissenschaften, die sie tatsächlich aus den Klauen dieser mörderischen Religion befreite, allerdings um den Preis, daß sich ihre Trennung vom Ewigen noch vertiefte. Heute, nachdem wir die brutalen historischen Folgen des religiösen Materialismus nicht mehr unmittelbar zu spüren bekommen, sondern statt dessen die der wissenschaftlichen Industrialisierung, bleibt auf der christlichen Religion dennoch noch etwas von dem Makel dieser abscheulichen Verirrung. Und die Eschatologie (das auch heute noch als gültig betrachtete Ergebnis des damaligen Umdeutungsprozesses) erscheint dadurch für einen naiven Betrachter aus unserer Zeit geradezu irre komisch:

Die volkstümliche Vorstellung über die Erlösung und über die »Letzten Dinge« ist ja heute noch ungefähr so:

Bei der Schöpfung war alles noch gut. Aber dann kam die Geschichte mit dem verbotenen Apfel, dessentwegen die Menschen von Gott aus dem Paradies hinausgeworfen wurden.
Warum das so schlimm gewesen sein soll, versteht keiner, aber alle glauben, daß die Menschen von da an mit einem schwarzen Fleck auf ihrer Seele geboren werden, mit der Erbsünde. Sie muß abgewaschen werden. Das geschieht in der Taufe. Aber es hilft nichts.
Neue schwarze Flecken kommen: die persönlichen Sünden. Für die braucht es die anderen Sakramente, immer wieder, schließlich aber ebenso erfolglos, weil die Menschen immer wieder sündigen, bis endlich der Tod kommt. Aber auch der bringt noch keine Erlösung.
Während der Körper in der Erde zerfällt, schwebt die Seele ins Jenseits. Dort wird sie gleich anschließend vor ein sogenanntes »persönliches Gericht« gestellt – im Unterschied zum späteren »jüngsten Gericht« – und in den meisten Fällen zu einer langjährigen Verbannung ins Fegefeuer verurteilt. Durch besondere Gebete, Übungen und Zahlungen kann man bereits zu Lebzeiten ein Strafnachlaßguthaben im Jenseits anlegen und so tausende von Tagen Strafe nachgelassen bekommen und man kann dieses Guthaben auch anderen zugute kommen lassen.
Nach Abbüßung der Sündenstrafen erfolgt die, zunächst nur zeitweilige, Überstellung in den Himmel – denn nach einiger Zeit dort kommt das Schicksal des Planeten Erde an sein Ende. Die Welt geht unter. Aber zuvor kommen die angekündigten Katastrophen, die der Wiederkunft Christi vorausgehen.
Dann erscheint Jesus auf den Wolken. Abschließend gibt es eine Sonnenfinsternis und die Sterne fallen aus dem Weltraum auf die Erde.
Dann werden die Toten auferweckt, d.h. die nackten Seelen werden wieder mit ihrem Körper bekleidet.
Dann erschallen Posaunen und Jesus hält von einer Wolke aus eine Ansprache an alle. Mit ihr beginnt das jüngste Gericht, vor dem sich alle Menschen, die je gelebt haben, jetzt

nocheinmal verantworten müssen. Zum Abschluß der Verhandlung spricht Jesus das Urteil und er vollstreckt es sofort: Himmel oder Hölle.
Wo man zugeteilt wird, was davon abhängt, ob man brav gewesen ist oder nicht, bleibt man für den Rest der Ewigkeit – nein, noch nicht, denn ...
Vorher wird durch ein neues Machtwort Gottes ein neuer Himmel und eine neue Erde geschaffen, und die neue Erde wird von all den wiederbelebten Leichen der Guten der Geschichte bevölkert, die dann fortan in alle Ewigkeit in einem unveränderlichen Zustand der Glückseligkeit dort »leben« dürfen.
Tiere und Pflanzen sind nicht zugelassen, denn die haben ja keine Seele.
Kein Wunder, daß sich der neu in den Himmel aufgenommene bayerische Dienstmann »Aloisius« dem Suff ergab (in Ludwig Thoma's »Münchener im Himmel«). Unter diesen Umständen konnte ihm ja kein »Hallelujah« über die Lippen kommen!

Es ist wirklich schwer, diese Bilder nicht materialistisch zu verstehen. Deshalb erscheint die historisch gewachsene christliche Eschatologie vielen heutigen Menschen wie eine Wahn- Welt aus dem finsteren Mittelalter.
Bei wohlwollender Betrachtung allerdings ist auch in diesen Vorstellungen vom »Jenseits« eine tiefe Bedeutung zu finden. Selbst erklärte »Materialisten« können ihre archetypische Symbolik verstehen. Und so kann sogar diese seltsame Glaubenslehre wieder wirklich »kat-holisch« werden, d.h. für jeden annehmbar:
Das »Essen vom Baum der Erkenntnis des Guten und des Schlechten«, die Ur-»Sünde«, ist offensichtlich eine Folge der Entwicklung der Fähigkeit zu denken. Irgendwann kamen die Menschen auf die Idee, sie könnten ihr Erfahrungswissen benützen, um das Unangenehme aus ihrem Leben auszuschalten. Dazu mußten sie die ursprüngliche (nicht konzeptionell unter-

scheidende) Geist/Instinkt-Steuerung ersetzen durch eine konzeptionelle »Ich«-Steuerung. Aber sie bedachten nicht, daß sich dadurch das »Ich« vom Ganzen separiert und daß sich dieses »Ich« von da an selber um alles kümmern muß – und daß es das Unangenehme letztlich doch nicht vermeiden kann, weil ihm einige entscheidende Informationen fehlen. Anstatt das unaufhörliche Glück zu erreichen, verurteilen sich die der Versuchung erlegenen, »klug gewordenen« Menschen daher selbst zur unaufhörlichen »Sisyphus-Arbeit«.

Die Menschen sind aber so fasziniert davon, daß ihre Maßnahmen im Detail funktionieren, daß sie gar nicht bemerken, daß es sich eigentlich, im Ganzen betrachtet, um einen Fehlschlag handelt: Sie verlängern ihr Leben tatsächlich, aber sie leben gar nicht. Sie erleichtern sich die Arbeit durch die Technik tatsächlich, aber die technisierten Menschen arbeiten mehr als die Menschen der Steinzeit – von den Folgen der Künstlichkeit ihrer Arbeits- und Lebensbedingungen ganz zu schweigen. Die Realität verschwindet hinter dem Funkeln der Machbarkeit. Und so halten die Menschen bis heute fest an der Illusion, sie könnten das Unangenehme vermeiden, und sie vererben ihre beschränkenden, spaltenden, Unzufriedenheit erzeugenden Konzepte weiter an ihre Nachkommen und sorgen somit dafür, daß auch sie diese Vorstellungen (ihr »Ich«) über den Geist des Ganzen stellen.

Aber irgendwann begegnen die an ihrer Sisyphus-Arbeit leidenden Menschen selbstlosen, erlösten Menschen. Sie spüren deren Ausstrahlung von Ruhe und Zufriedenheit und sie lassen sich bekehren und taufen, denn in der Taufe, so erfahren sie, wird der Grund des Leidens abgewaschen: Die Illusion der Ursünde wird untergetaucht, das separate »Ich« stirbt – und das Eigentliche im Menschen erwacht, es wird erlöst, wiedergeboren aus dem Geist; und der Wiedergeborene erkennt als sein wahres Ich JAHWE, den Geist des Gesamten. Und weil er das jetzt wirklich begriffen hat, ist er frei von der Erbsünde und zurückgekehrt ins Paradies. Er unterscheidet jetzt nicht mehr zwischen »gut« und

»schlecht«, sondern er fügt sich in seine Rolle als Sohn, der sich führen läßt vom Geist.

Aber in vielen Fällen ist der Prozeß der Wiedergeburt mit der Taufe noch nicht abgeschlossen. Die Taufe krönt zwar das Umkehrerlebnis, aber das »Ich« ist hartnäckig. Rückfälle folgen. Ja eine neuerliche Ver-Dammung droht noch immer. Die Sakramente dienen daher der Erinnerung an das Umkehrerlebnis und der Wiedervereinigung. Sie erinnern immer wieder an den Archetyp des erlösten Menschen, Jesus, der ganz eins geworden ist mit dem »Vater«. Weil aber »das Fleisch schwach ist«, wird die Verbindung mit dem Geist immer wieder unterbrochen und sie muß so lange immer neu hergestellt werden, bis die Achtsamkeit ganz auf sie eingestellt ist, wie bei Jesus.

Der Prozeß, in dem das geschieht, ist das (persönliche) Gericht. In einer Serie persönlicher Krisen entdeckt der Mensch, daß er immer noch nicht eins ist mit der Wahrheit und als Konsequenz erfährt er den zur Kurskorrektur drängenden Schmerz (das Fegefeuer).

Und im letzten (»jüngsten«) Gericht erlebt er die Wiederkunft Christi. Zuletzt offenbart sich seine im Ewigen wurzelnde Natur unmißverständlich und unwiderruflich. Das letzte Gericht kommt spätestens im Tod. In ihm wird das sich separierende »Ich« vernichtet, entweder weil die Verbindung des Menschen mit der einen natürlichen, schöpferischen Intelligenz schon so stark ist, daß er sein »Ich« von alleine hingibt, oder, weil dieses »Ich« angesichts der Wahrheit brennen muß im Widerspruch, bis es sich auflöst – und wenn das »ewig« dauert – weil sich die Einheit mit dem Ganzen am Ende doch nicht verhindern läßt.

Am Ende gibt es nur diesen einen Ausweg: Hingabe. Aber es ist nicht Gott, der den Menschen »verdammt« – sein »Ich« ver-damm-t sich selbst.

Auch die Aussage, daß das Schicksal der Verstorbenen beeinflußt werden kann, ist korrekt. Die wichtigste Rolle im Sterben spielt zwar das Bewußtsein, das wir zu Lebzeiten erreicht haben,

aber auch unsere Lieben können hier noch Einfluß nehmen. Das bestätigen ehemals klinisch Tote.
Und noch eine weitere Einwirkungsmöglichkeit werden sogar Materialisten anerkennen: Das Schicksal der Verstorbenen ist ja ein Teil unseres eigenen Schicksals, ein wirklich »jenseitiger« Teil. Unsere Toten leben in uns fort – und nicht selten spuken sie in uns, bis wir sie erlöst haben in uns. Erlösen können wir sie aber nur, wenn wir den Anteil unserer Erbsünde (unseres »Ich«, unseres »Karma«), der von ihnen kommt, überwinden. Und so ist es auch in dieser Hinsicht tatsächlich möglich, Verdienste zu sammeln, um die Leidenszeit der Verstorbenen zu verkürzen, und damit gleichzeitig auch unsere eigene.
Und dann kommt das Weltende mit dem Jüngsten Tag. Auch das kommt wirklich. Und wie es für den Einzelnen spätestens im Tod geschieht, wenn die »Ich«-Welt nicht schon vorher zerbricht, so für die (menschliche) Welt als Ganzes in Form der ökologischen Katastrophe, auf die die Aktivitäten des »Ich« weltpolitisch zusteuern und die tatsächlich eintreten wird, wenn es nicht zu einer weltweiten Besinnung kommt.
In erster Linie aber bedeutet das »Weltende« den Zusammenbruch »dieser« Welt, also den Zusammenbruch der Unterscheidung von »gut« und »schlecht«.
Die Katastrophen, die dem Weltende vorausgehen, sind Teilzusammenbrüche der Illusionswelt. Aber das »Ich« versteht die Zeichen nicht – denken wir nur an die Plagen in Ägypten vor dem Auszug der Israeliten, die den »Pharao« bis zuletzt nicht zur Einsicht geführt haben. Oft gibt das »Ich« sein Beurteilen nicht auf bis sich schließlich der Mond verfinstert, bis die Sonne aufhört zu scheinen und bis die Sterne vom Himmel fallen, d.h. bis jede Orientierung versagt, weil sogar die Träume aufhören, das Tageslicht erlischt und alle Vorbilder zerschellen.
Dann, wenn die »Ich«-Welt verloren ist, kommt der »Christus«, der Erlöser; da kommt unsere im Ewigen gründende, geist-liche Natur zum Vorschein, »in Wolken«, also aus dem Nebel des Nichtwissens. Und sie ruft zum letzten Gericht: Entweder wird

sie in uns durchdringen und offenbar werden oder wir gehen in den Tod »auf ewig«, denn am Ende kann keiner seine Natur verleugnen.

Weil der »Dienstmann Aloisius« das nicht verstanden hat (weil es möglicherweise sein ganzer Kulturkreis schon längst nicht mehr verstanden hat), konnte er sich den Himmel und das »Hallelujah- Singen« nicht vorstellen.
Aber wenn der Christus, der Erlöser, nach dem Tod unseres »Ich« in uns erwacht, haben wir wirklich allen Grund zu jubeln, denn dann sind wir in Harmonie. Unser Körper und die ganze Erde ist dann für uns verwandelt. Alles ist neu und wunderbar und heil. Und alles wird automatisch gelenkt durch den Geist.
Viele, auch »religiöse« Menschen, können nicht an diese Möglichkeit glauben. Ihre Vor-Stellungen erlauben es ihnen nicht. Wenn sie dennoch am Sinn ihres Lebens nicht verzweifeln wollen, müssen sie annehmen, diesen Sinn auch nach dem Tod noch finden zu können. Und so sehen sie »Himmel« und »Fegefeuer« als die Möglichkeit, nach dem Tod persönlich, d.h. als separates »Ich«, im »Jenseits« weiter-leben zu können.
Es ist zwar mehr als naiv zu glauben, ein sich separarierendes »Ich« könnte der Begegnung mit Gott standhalten – aber gerade weil sie das so gerne glauben möchten, können sich die Christen mit den Anhängern anderer Religionen treffen, die auch Vorstellungen über ein »Leben nach dem Tod« entwickelt haben. Weil sie sehen, wie schwer es für einen Menschen ist, sich von seiner »Ich«-Welt zu lösen, sagen sie, daß jeder Mensch so lange immer wieder auf der Erde geboren werden muß, bis er die vollkommene Hingabe (die Auflösung des sich separierenden »Ich«) erreicht hat. Wenn wir genau hinsehen, verschwindet der Widerspruch zwischen diesen beiden Glaubensrichtungen, denn wer möchte Gott Vorschriften darüber machen, wie er das Fegefeuer gestaltet, also ob es nicht in einer Kette von Wiedergeburten besteht – die sich wiederum natürlich auch in einem

einzigen Leben oder sogar im Prozeß des Sterbens selbst ereignen können.
Eines bleibt in jedem Fall klar: Es gibt kein Entkommen für das separate »Ich«! Am Ende bleibt nur die Hingabe – und dann ist alles gut.
Und auch da können wieder alle zustimmen, sogar erklärte Materialisten. Auch sie spüren ja in sich die Sehnsucht nach Hingabe, Frieden und Vollkommenheit und die Gefahr, daß der lebendige Kern unter der Willkürherrschaft des »Ich« die Lust an diesem Leben verliert und das Selbstzerstörungsprogramm einleitet. Auch für sie ist es daher vorteilhaft, zu sehen, daß es der Geist (des Ganzen) ist, der sie drängt, die Entscheidung zur Hingabe nicht länger aufzuschieben. Und damit erübrigen sich alle weiteren theologischen oder ideologischen Spekulationen.

Der Ursprung der Idee

Die Idee des »Weiterlebens nach dem Tod« existiert in der Bibel nicht von Anfang an. Im Gegenteil, diese Idee setzt eine Auffassung des Lebens und des Todes voraus, die der Bibel fremd ist:
Im Paradies, d.h. für den Menschen, der in Harmonie lebt, existiert der Tod nicht. Der Tod ist erst »der Sold der Sünde« (Röm 6, 23).
In Frage steht natürlich nicht die Tatsache des Sterbens, sondern seine Bedeutung: Der Abgrund, der sich im Angesicht des Todes auftut vor dem »Ich«, das sich abgespalten hat von dem einen Geist, der Schrecken, der in einen Menschen fährt, wenn ihm bewußt wird, daß der Tod für die Vorstellungswelt seines »Ich« eine unüberwindliche Grenze darstellt.
Der »sündige«, d.h. der vom Ganzen abgesonderte Mensch identifiziert sich mit seinem separaten »Ich«. Deshalb hat er Angst vor dem Tod. Er sieht nicht, daß dieses »Ich« ohnehin

»sterben«, also sich wieder ins Ganze integrieren muß, wenn das Paradies wiederkehren soll.

Bei den Autoren der Bibel ist das bereits geschehen. Daher sagen sie den gespaltenen, »Ich«-bezogenen Menschen, daß es nur ein wirkliches Ich gibt, nämlich JAHWE. Und die Menschen, die das nachvollziehen können, die sich erlauben können, JAHWE wirklich als ihr Ich zu erfahren, separieren sich nicht mehr von ihrem göttlichen Kern. Sie sind eins mit den Bewegungen des Geists im Leben und im Sterben, und der Tod ist kein Problem für sie. Die Frage nach einem subjektiven »Weiter«-Leben nach dem Tod taucht für sie gar nicht mehr auf, weil sie sich ja zu jeder Zeit mit ihrer Lebensquelle verbunden wissen. Und so endet das Subjektive des menschlichen Lebens in der biblischen Tradition bis etwa hundert Jahre vor Jesus ganz selbstverständlich »in der Grube«.

Der Gedanke vom »Weiter«-Leben nach dem Tod entspringt also nicht in der Urerfahrung JAHWE's, sondern erst im Kopf der Menschen, denen ihre eigene Natur fremd geworden ist und die keine Aussicht sehen, sie zu Lebzeiten wiederzufinden, weil sie, trotz Glaubenslehren und heiliger Schriften, nicht mehr wissen, was ihnen fehlt.

Erlösung und neuer Sündenfall

Am Anfang wurden die Menschen durch ihr Spüren gelenkt. Auch bei den heutigen Menschen ist das natürlich noch so. Im Spüren waren sie unmittelbar verbunden mit der schöpferischen Kraft und mit allem in der Welt. Sie lebten im Paradies und brauchten keine Religion. Aber dann gerieten sie in Versuchung – die meisten Menschen unseres Kulturkreises würden eher sagen, sie entdeckten die Fähigkeit – sich von Erinnerungen an gute und schlechte Erfahrungen leiten zu lassen. Sie entwickelten ein neues, ein konzeptionelles Steuerungssystem – und das war der »Sündenfall«.

Indem sie sich nämlich immer mehr mit ihren Konzepten und Berechnungen identifizierten, entfernten sie sich immer weiter von ihrem Spüren, bis der unmittelbare Kontakt zu ihrer Natur (und auch zu ihrer Umwelt) abgebrochen war. Sie konnten jetzt zwar sehr viel leisten – aber ein Leben aus Berechnung, ohne Gespür, ist schwer und hart. Das Paradies war verloren.

Die Menschen selbst aber waren nicht verloren, denn auch jetzt noch wurde und wird alles in der Welt gelenkt vom spürenden Geist – und in seiner Tiefe nimmt jeder Mensch diese Lenkung wahr. Und wer wirklich nach einem Ausweg aus seiner Entfremdung sucht, findet daher die Antwort auf sein Leiden stets – in sich selbst. Die Quelle der Offenbarung ist jederzeit zugänglich; sie ist zu keiner Zeit verdeckt. Deshalb gebraucht Jesus das Bild vom liebenden Vater. Und deshalb sprechen die Zen-Patriarchen vom »torlosen Tor«.

Und deshalb kommt auch von außen Hilfe: Denn einige der Menschen, die die Entfremdung erfahren haben – sie werden später »Propheten« oder »Meister« genannt – leben diesen Such- und Finde-Prozeß exemplarisch vor. Auch ihr Weg beginnt in der Entfremdung. Ihr Leiden zwingt sie, sich von ihren Vor-Urteilen zu lösen. Eine unstillbare innere Sehnsucht spricht zu ihnen von einer anderen, wahren Identität. Etwas drängt sie, Abstand zu gewinnen von den Identifikationen, die ihr »Ich« ausmachen, und auf die Wahrheit jetzt zu achten. Und nach und nach lichten sich die Schleier ihrer Wahrnehmung, Ärger, Trotz, Einbildung. Sie beginnen zu erwachen. Mehr und mehr vertrauen sie ihren spontanen Eingebungen; nach und nach lösen sie sich von ihren Vorstellungen; und so lösen sich auch ihre Probleme, eines nach dem anderen. Immer öfter wissen sie sich eins mit sich und mit dem Geist, erlöst – von dem Streß, den die Götter des »Ich« immer machen. Und eines Tages schmilzt der letzte Damm und sie haben endgültig zurückgefunden ins Paradies.

Natürlich möchten sie ihre Erfahrung der Erlösung dann mitteilen, aber sie können nicht direkt darüber sprechen, weil die entfremdeten Menschen jene andere Welt aus ihrem Bewußtsein verdrängt haben. Deshalb vergären ihre Erfahrungen zu metaphorischen Geschichten, die voll sind mit Symbolen und Anleitungen zu ungewohntem Verhalten. Und davon fühlen sich die Menschen, die in der Entfremdung leben, berührt. Eine seltsame Sehnsucht leuchtet in ihnen auf, nur für Momente zwar vorerst, aber in diesen Momenten beginnt ihnen etwas zu dämmern von einer anderen Identität – von ihrer eigenen Geistnatur. Ihr Leiden an der Entfremdung läßt sich jetzt nicht mehr so leicht ignorieren. Sie beginnen zu fühlen, daß ihr bisheriges »Ich« nur eine Fassade ist. Sie müssen nach dem suchen, was dahinter liegt. Die Mitteilungen der Propheten haben sie auf die Spur gebracht und nun entdecken sie den Geist selbst und in ihm ihre wahre Natur und das wirkliche Leben. Und da sind sie neue Menschen geworden.

Und voll Freude erzählen sie die Geschichten weiter, die den Anstoß zu ihrer Verwandlung gegeben haben. Und eine dritte Generation Erlöster wächst heran und eine vierte und fünfte. Es gibt keine Schwierigkeit, die sich im Geist nicht lösen würde. – Auch wenn sie von Schicksalsschlägen betroffen werden, wissen sie sich eins mit dem Geist; in jeder Lage sind sie zufrieden und stark – sogar noch über ihren Tod hinaus.

Späte Nachkommen aber, die bereits von Anfang an die Früchte der Kraft der Generationen vor ihnen genießen, kennen die Not nicht mehr, die die Entfremdeten bewegt hat – und so werden sie achtlos und die Illusion der Machbarkeit schleicht sich wieder ein.

Die alten Geschichten von der Erlösung werden zwar noch erzählt, aber die Zuhörer fühlen sich nicht mehr betroffen. Was lange selbstverständlich war, wird für die Einen unverbindlich und für die Anderen zu einem Zwang. Die Religion dient nicht mehr als Wegweiser zur Ganzheit, sondern sie wird Teil-Ansicht einer Weltanschauung, Grundgerüst einer neuen »Ich«-Welt.

Aber dieser zweite Sündenfall geschieht im Mantel der »geoffenbarten Wahrheit«. Die Mitglieder der Religion behalten die

Mythen und Rituale, die die Propheten ihnen gegeben haben, aber sie lassen sich von ihnen nicht mehr verändern.
Die Religion tritt in die Phase der Heuchelei. Sie wird zu einem Instrument des »Ich«. So glorreich manche Errungenschaften dieser Phase auch sein mögen – die Wahrheit hat sich verdunkelt.
Es ist die Zeit des Babylonischen Turms. Es herrscht Sprachverwirrung. Die Vorstellungen über »gut« und »schlecht« sind wieder da und mit ihnen Konkurrenzdenken und Angst. Und so folgt abermals eine Zeit des Leidens.
Und abermals durchdringt die Natur die Mauer der Entfremdung mit neuen »Offenbarungen«, d.h. mit neuen Erfahrungen vom Wirken des Geists, die in den symbolischen Bildern dieser neuen Zeit erscheinen. Und wieder werden einige Generationen von Menschen erlöst.
Aber auch die neuen Beispiele zerfallen nach einiger Zeit korrekter und wirksamer Überlieferung und ihre Bilder werden erneut zu ideologischen Fakten. Aus der unmittelbar gespürten Wahrheit wird wieder eine abstrakte Weltanschauung.

Sooft der Geist die Menschen auch zurückführt ins Paradies, das sich vom Geist separierende »Ich« kehrt immer wieder. Und immer wieder verwertet es – solange es nicht die Religion insgesamt über Bord wirft – die spontanen und situationsbezogenen metaphorischen Aussagen der letzten »Offenbarung« und baut sie ein in seine vernünftig berechnende Vorstellungswelt, der bereits die früheren Bilder und Geschichten vom Wirken des Geists einverleibt worden waren.
Ein religionsgeschichtlicher Prozeß kommt so in Gang, in dessen Verlauf hinter die erlösenden Erzählungen gedankliche Konstruktionen treten. Und aus den Gedanken werden Gedankengebäude und intellektuelle Theorien und die Theorien werden verschachtelt zu komplexen Systemen. Und mit jedem Schritt wird es schwerer, dahinter die andere (die nichtentfremdete, ursprüngliche, natürliche, alles einschließende) Welt, von der die Gleichnisse erzählen, wiederzuerkennen und zu erfahren.

Aber – wenn die Wirklichkeit durch eine Vorstellungswelt verstellt ist, folgt Schmerz und der Schmerz drängt zur Suche nach Erlösung.

Jesus überwindet die Spaltung von Grund auf

Zur Zeit Jesu war dieser Schmerz unüberhörbar in Israel, aber eine Lösung war nicht in Sicht. Die alten Lösungen des Mose und des David oder bei der Rückkehr aus der babylonischen Gefangenschaft waren mit den Bedingungen der Zeit nicht mehr vereinbar. Eine politische Veränderung war ausgeschlossen. Aber auch die verwandelnde Kraft des religiösen Gesetzes war ausgeschöpft. Die Erneuerung konnte nicht von außen kommen. Die Spaltung mußte von Grund auf überwunden werden. Die Menschen mußten individuell und unmittelbar die ganze Tiefe ihrer im Ewigen verankerten Natur erfahren.
Als Schlüssel dafür bot sich die Angst vor Leiden und Tod, denn in dieser Angst steckt das ganze Dilemma des Sündenfalls. In ihr kann jeder Mensch die Ur-Versuchung neu erleben und sich neu entscheiden. In ihr wird das ganze unsagbare Leid spürbar, das ausgeht vom »Wissen«, aber auch was es heißt, beim Baum des Lebens zu sein, und daß das die tiefste Sehnsucht eines jeden Menschen ist. Denn unbehindert von den Schranken der Vorstellungswelt reicht das Bewußtsein da bis an den Ursprung der Existenz. Und da ist Vertrauen – für jeden Schritt, über jede Schwelle, sogar über die Schwelle des Todes.
Diejenigen aber, die noch unter dem Baum der Erkenntnis stehen, wissen das nicht. Sie sehen nur: Der Schritt zum Baum des Lebens kostet sie die Kontrolle über das Leben. Und so unterlassen sie den Schritt. Was ihren Eintritt ins Paradies verhindert ist die Angst vor dem, was geschehen könnte, wenn sie die Kontrolle nicht mehr haben. Es ist letztlich die Angst vor dem Tod. Und vom Baum der Erkenntnis kommt nichts, was

ihnen diese Angst nehmen könnte, im Gegenteil, die Erkenntnis sagt ihnen: Das Loslassen gefährdet alles, was du dir mühsam aufgebaut hast! Um die Todesangst, die gleichzeitig Lebensangst ist, zu überwinden, braucht es daher einen Sprung, eine Bereitschaft zum Risiko, Glauben. Das steht hinter der alten Weisheit »stirb, bevor du stirbst!«

Jesus hatte den Sprung längst getan. Er war schon lange vor seinem Tod gestorben – und neu geboren worden. Und daher hatte er vor nichts und niemand Angst. Und er sah seine Schüler und wußte, daß nur ein Schock sie aus ihrer angstbesetzten Erkenntnis-Welt herausreißen konnte. Der Schock, den sie brauchten, war sein Tod! Und Jesus ging in diesen Tod hinein – obwohl er wußte, daß sein an Zeit und Raum gebundenes, persönliches Bewußtsein die Barriere des Todes nicht durchdringen konnte. Es gab daher nichts, was der subjektiven, zeitlichen Endgültigkeit seines Todes den Schrecken nehmen hätte können. Da er aber schon zu Lebzeiten eins war mit dem Geist, wußte er, daß ihn im Tod etwas viel Größeres erwartete, wenn er frei würde von den Schranken, die der Körper dem Bewußtsein auferlegt.

Seine Schüler aber stürzte sein Tod in einen Abgrund tiefster Verzweiflung. Das Ende ihrer Welt war gekommen. Da war kein Platz mehr für Abgrenzung und Stolz, denn alle Sicherheiten zerbrachen. Doch gerade da fanden sie, am Grund ihrer Existenz, überraschende Geborgenheit. Als alle Kontrolle wegfiel, weil sie keine Wahl mehr hatten, erwachte in ihnen – »der Menschensohn«, d.h. sie erwachten zu ihrer Ganzheit. Und in ihr erkannten sie, daß ihr Meister aus seiner Ganzheit heraus für ihr Erwachen den Preis seines Lebens gezahlt hatte. Und sie sahen, daß ihre Ganzheit in der seinen und seine Ganzheit in der ihren eingeschlossen war und daß das der »Christus« ist, der lebendig ist und bleibt »von Äon zu Äon« für sie und für alle, die bereit sind, ihn wecken zu lassen.

Und so ist aus einer Todesnachricht »die« frohe Botschaft geworden, die Botschaft von der Auferstehung. Und alle, die dem Weg dieser Botschaft folgten, gelangten selbst an den Grund ihres Seins und erlebten da ihre Neugeburt. Am Boden des Abgrunds, den sie zuvor nicht zu überspringen gewagt hatten, fanden sie jetzt ihr Einssein und in ihm die Kraft, die alles Erkennen übersteigt. Und damit war jeder weitere Sprung in die Ungewißheit auch für sie keine Frage mehr.

Der Zeitpunkt der Auferstehung Jesu

Sofern man in dem Zusammenhang überhaupt von einem Zeitpunkt sprechen kann, weil es sich ja um ein »Ereignis« im Ewigen handelt, so ist die eigentliche Auferstehung und Neugeburt Jesu längst vor seinem Tod geschehen.
Die Christen glauben ja, daß Jesus ohne »Erbsünde«, also ohne »gut« und »schlecht« unterscheidende Vorstellungswelt, ohne separierendes »Ich«, zur Welt gekommen ist. Er hatte das Paradies demnach nie verloren, er war vom ewigen Leben nie getrennt, sein inneres Wesen war nie zugedeckt und er brauchte nicht wiedergeboren werden. Aber auch wenn jemand in Jesus eine persönliche Entwicklung annimmt, in deren Verlauf der Menschensohn aus dem Ewigen in ihm die Führung übernommen hat, so ist seine persönliche und leibliche Auferstehung auf jeden Fall bereits vor seinem Tod am Kreuz erfolgt.
Das Bild von seiner Auferstehung und Himmelfahrt nach seinem Tod bezieht sich also nicht auf ein Geschehen aus der Sicht Jesu, sondern aus der Sicht der Jünger. Sie sahen ihn (erst) jetzt in seiner ganzen Herrlichkeit – und lebendiger als je zuvor.
Die Erzählungen von der Auferstehung Jesu beschreiben daher nicht ein Ereignis der alltäglichen Wirklichkeit, sondern einer anderen Wirklichkeit, die nach außen hin aber in Erscheinung trat als das Erleuchtungserlebnis der Apostel und Jünger, als deren Übertritt von dieser Welt in jene Welt. Weil sie jetzt dort waren, konnten sie das ewige Leben Jesu sehen. Sie sahen ihn

in seiner vollkommenen Übereinstimmung mit seiner Natur, mit seinem Schicksal, mit JAHWE. Und der Jesus, den sie da sahen, war für sie so real wie noch nichts zuvor real gewesen war.

Aber so real für sie Jesus auch da war, was sie als »seine« »Auferstehung« beschrieben, ist nicht das persönliche und subjektive Erlebnis Jesu, sondern es ist ihr Erlebnis: Pädantisch betrachtet, ist seine Auferstehung daher auch nicht seine, sondern ihre Auferstehung!

Bei der »Auferstehung Jesu« geht es also keinesfalls um die Wiederbelebung und das Verschwinden seiner Leiche, sondern es geht darum, daß sich das Grab öffnete, in dem der »Christus« in den Aposteln eingeschlossen war. Es geht um das Erscheinen des Menschensohns, um das volle Erwachen der mit dem Ganzen verbundenen menschlichen Geist-Natur in den Aposteln.

Dadurch, daß etwas in ihnen sich öffnete, konnte der Geist, aus dem heraus Jesus gelebt hat, jetzt in ihnen erscheinen und erst damit ist Jesus wirk-lich auferstanden. Aber auch in uns kann dieses Etwas sich öffnen und das geschieht in dem Moment, in dem wir wirklich begreifen, was da geschehen ist. In diesem Augenblick erscheint der Menschensohn auch heute wieder in dieser Welt.

Und auch die Kirche bestätigt, daß der »Christus« in diesem Sinne nicht nur einmal auferstanden ist, sondern daß er immer wieder aufersteht, wenn sie in jeder Osternacht in dem alten Ritual zur Taufwasserweihe bittet: »Mache zahlreich die Wunder deiner Wiedergeburt!«

Der Jesus, den die Apostel nach seinem Tod sahen, war also weder eine äußerliche Erscheinung noch eine Halluzination. Sie sahen tatsächlich den Jesus, der gekreuzigt wurde, und sie sahen ihn als Auferstandenen. Aber sie konnten ihn nicht deshalb sehen, weil er in ihre zeitgebundene, alltägliche Wirklichkeit zurückgekehrt wäre, sondern sie konnten ihn sehen, weil ihre Wahrnehmung sich öffnete in eine andere Dimension, in die Dimension des Ewigen, in der einige von ihnen Jesus bereits vor seinem Tod als Auferstandenen sehen hatten können, zusammen mit Mose und Elia (Mt 17, 3). Die anderen aber, die keinen Einblick hatten in die Dimension des Ewigen, konnten den Auferstandenen auch nach der »Auferstehung« nicht sehen. Das bezeugt der Evangelist Matthäus, wenn er sagt, daß »einige zweifelten« (Mt 28, 17).

Nocheinmal: Jesus ist am Kreuz gestorben. Mit seinem Tod hat er den Bereich des Zeitlichen endgültig verlassen. Subjektiv, vom menschlichen »Ich« der historischen Person Jesu aus betrachtet, ist er zum Zeitpunkt der »Auferstehung« nicht »wieder«-gekehrt. Er war und ist im Reich des Ewigen. Nur bei seinen Jüngern hat sich etwas verändert. Durch den Schock seines Todes konnte ihre Aufmerksamkeit in den Bereich des Ewigen vordringen. Und da »sahen« sie ihn lebendig.

Weil das aber für diejenigen, die noch keinen bewußten Kontakt hatten mit der Sphäre des Ewigen so schwer nachzuvollziehen ist, sagt man in der Sprache des Zeitlichen, Jesus sei »auferstanden«. In dieser Sprache »ist« er seinen Jüngern erschienen und er hat ihnen Dinge mitgeteilt. Und tatsächlich wußten die Jünger jetzt, was sie vorher nicht verstehen hatten können, weil sie das Leben erst jetzt aus der Perspektive betrachten konnten, von der aus Jesus es gesehen hat: eben aus der Perspektive des Ewigen, aus der Perspektive des ganzen Menschen, aus der Perspektive JAHWE's.

Aber auch noch auf andere Weise reicht die »Auferstehung Jesu« in den Bereich des Zeitlichen hinein und auch in diesem Sinn geht ihre »Realität« weit über das »Sehen« hinaus: Indem die Jünger nämlich Zugang bekamen zum Bereich des Ewigen, ist ihnen das Wesen Jesu, »der Menschensohn«, nicht nur voll zum Bewußtsein gekommen, sondern »der Menschensohn« ist in diesem Moment wirklich wieder im Bereich des Zeitlichen erschienen und zwar leibhaftig – in ihrer Gestalt.

Krass ausgedrückt: Obwohl Jesus wußte, daß es nach seinem Tod keine persönliche Zukunft für ihn geben würde, daß der

zeitliche Aspekt seiner subjektiv-individuellen Existenz endgültig beendet sein würde, hat er diesen Tod akzeptiert.
Im Ewigen lag die Quelle seines Lebens. Von da her kam seine Kraft von Anfang an. Und als von dort her sein Tod not-wendig wurde, hat er sich ihm nicht entzogen. Er folgte ganz bewußt nicht der zeitlich-beschränkten Unterscheidung zwischen »gut« und »schlecht«. Er lebte aus dem Ewigen – stets »eins mit dem Vater« und gleichzeitig ganz bei sich selbst. Und so hat er schon zu Lebzeiten erfahren, »was Gott denen bereitet, die ihn lieben«: Sich selbst zu erkennen im Angesicht Gottes als »Sein« Ebenbild (s. 1 Kor 13,12).
Und als das hat er sich auch für uns erwiesen. Sein Beispiel berührt uns an dem »Ort«, wo auch wir Ebenbild des Schöpfers sind. Da schwindet unser eingebildetes »Ich« und seine Vorstellungswelt. Da erwachen wir zum Bewußtsein unserer ewigen Natur. Und da finden wir alles, was je war und ist und sein wird und uns selbst im Grund als den ursprünglichen »Menschensohn«, »gezeugt, nicht geschaffen«.

»Ewiges Leben« – jenseits des Klischees

Was Jesus gesagt und getan hat, setzt unsere gewohnte Vorstellungswelt außer Kraft. Es zeigt uns, daß »ewiges Leben« etwas ganz anderes ist als auf einer himmlischen Wolke ›Hallelujah‹ singen – nämlich Leben in Einheit mit der spontanen, göttlichen Kraft.
Durch den Sündenfall haben wir das Ewige aus den Augen verloren. Trotzdem aber bleibt es die bestimmende Kraft unseres Lebens und eine unstillbare Sehnsucht drängt uns dazu, die Verbindung wiederzubeleben. Wir spüren diese Sehnsucht als ein Sollen und zutiefst Wollen: nämlich nicht uns selbst zu suchen, sondern zu folgen – und zwar nicht Gesetz oder Moral, sondern eben unserer ureigensten, subtilen, »ewigen« Ordnung.

Das ist das Zentrale, auch bei Jesus. Seine Bergpredigt ist daher keine Moralpredigt und auch keine Supermoral-Predigt. Sie zeigt uns einfach unsere jenseitige Natur. »Selig die Trauernden, denn sie werden getröstet werden« (Mt 5, 4) zum Beispiel. Weil der Mensch ein Ebenbild Gottes ist, haben die echt Trauernden (im Gegensatz zu den Trotzigen oder den Ärgerlichen) diese eigenartige Anziehungskraft. Sie ziehen den Trost an. Und genauso zieht der Verletzte den Retter an – wenn der Retter nicht blockiert ist durch Vorstellungen, wie der Priester und der Levit im Gleichnis vom barmherzigen Samariter. Man könnte sagen, es sei ein Instinkt, aber es ist etwas noch viel Ursprünglicheres. Es ist der ewige Rhythmus des Geists – »der die Berge abträgt und die Täler auffüllt« (Jes 40,4).

Alles, was ist, jedes Lebewesen, hat so etwas wie ein »Organ«, mit dem es diese ewige Ordnung in der Zeit spüren kann als den eigenen, ja den ureigensten Rhythmus. Alles in der Natur folgt der Resonanz dieses Rhythmus von Anziehung und Abstoßung – jedes Element in seiner Eigenart. Das ist die echte Spontaneität. Durch sie hat sich die ganze Fülle des Lebens entwickelt bis herauf zur Komplexität des Menschen.

Für Jesus hatte das natürliche Empfinden von Anziehung und Abstoßung und für die Resonanz seines Tuns absoluten Vorrang vor jeder statischen Auslegung des Gesetzes. Deshalb hat er bei den religiösen Führern Anstoß erregt. Aber deshalb ist er »der Menschensohn«, der eins ist mit dem Vater. Und deshalb predigt er keine Moral, sondern Spontaneität: das Sich-Bewegen-Lassen von der wahr-genommenen Kraft, weil »der Vater« die Welt schon so eingerichtet hat, daß jedes Wesen genau zu der Bewegung, die jetzt not-wendig ist, auch jetzt gedrängt wird.

Im Jetzt ist alles da. Im Jetzt gibt es keine Zeit, im Jetzt ist Ewigkeit. Und da lebte Jesus. Und auch sein Tod unterbrach sein da-Sein nicht, denn Jesus hielt nicht fest an seiner historischen Erscheinung. Noch im Tod zeigt er uns, daß »ewiges Leben« einfach bedeutet, jetzt in der Wahrheit zu sein!

Sein ganzes Leben lang war er im ewigen Leben, und auch jetzt ist er da, mitten unter uns, in seiner ganzen Lebendigkeit. Und wenn wir bereit sind für die Wahrheit jenseits aller Vor-Stellungen werden wir ihm begegnen, wie damals die drei Apostel auf dem Berg Tabor Mose und Elia und eben diesem ewigen Jesus begegnet sind.
Das Ewige ist immer schon da und deshalb erscheint vor unserem Bewußtsein schon immer alles, was für uns von Bedeutung ist, im richtigen Moment. Nur unsere Vorstellungen halten uns fest in der Vergänglichkeit. Wenn wir sie loslassen und auf das vertrauen, was uns im Moment gegeben wird, öffnen sich die Schranken der Wirklichkeit und wir finden uns im Unendlichen und Ewigen.
Und da sind wir Ebenbild Gottes: Ebenbild des Vaters, von dem unser Leben stammt; und Ebenbild des Sohnes, unserer »jenseitigen«, ewigen Natur, die uns zur Erlösung führt; und auch Ebenbild des Geists, der alles scheinbar chaotisch bewegt und der es gleichzeitig doch so lenkt, daß er/sie/es sich vollkommen entfalten kann, so, daß Gott selbst leibhaftig in Zeit und Raum erscheint – in unserer Gestalt: »... und der Logos ist Fleisch geworden« (Joh 1, 14).

Wer das Ewige so noch nicht bemerkt hat, kann es rückblickend am Werk sehen an den Schlüsselstellen der eigenen Entwicklung. An diesen Stellen nämlich ist die prägende Wirkung der zeit- und kulturgebundenen Kräfte auf unsere Persönlichkeit aufgehoben und etwas anderes hat die Führung, eben der Mensch aus dem Ewigen und der macht den evolutionären Sprung möglich.
Und gleichzeitig sehen wir bei dieser Betrachtung, wie aus den Einflüssen, die entfremdend wirksam waren, unser individueller Lebens-Auftrag entsteht, und vor allem, daß wir die Auseinandersetzung mit dem Übel brauchen, damit wir endlich nicht mehr unseren Vorstellungen folgen, sondern dem, was jetzt da ist – wohin es auch führt.

Das hat uns Jesus vorgelebt. Sein Beispiel weckt in uns den Keim des neuen Menschen und es nährt ihn. Er ist »das Wasser des ewigen Lebens« (Joh 4, 14).

Meditation und Übungen zum Thema »Ewiges Leben«

Meditation

»Wenn ihr euch nicht umwendet und werdet wie die Kinder
kommt ihr nie hinein ins Reich der Himmel« (Mt 18, 3).
»Das Reich Gottes kommt nicht unter Überwachung
und man kann auch nicht sagen ›hier ist es!‹ oder ›dort!‹,
denn es ist mitten in euch« (Lk 17, 20f).

Das Reich der Himmel ist der Bereich des ewigen Lebens. Und das ewige Leben ist nicht irgendwo anders und es beginnt auch nicht zu irgendeiner anderen Zeit. Es ist jetzt hier, »mitten in uns« (Lk 17, 21). Erleben können wir es aber nur, wenn wir unsere Vorstellungen nicht mehr in seinen Weg stellen, wenn wir uns wieder hineinwagen in seinen Fluß, wenn wir wieder werden wie Kinder.

Setz dich gerade hin und laß dich innerlich zur Ruhe kommen, indem du einfach nur auf deinen Atem achtest, wie er ein- und ausgeht.

Bleib nun mit deiner Aufmerksamkeit bei deinem Atem, denn in ihm bist du bereits jetzt verbunden mit dem ewigen Leben. Wenn du davon noch nichts bemerkst, ist das, was dir fehlt, dennoch nicht das ewige Leben, sondern nur die Wahrnehmung davon. Deshalb achte auf deinen Atem:
Du mußt nicht etwas tun, um zu atmen. Wenn du etwas tun müßtest, wärst du schon lange tot. Genausowenig müssen die Elektronen etwas tun, um um den Atomkern zu schwirren und

auch die Atome müssen nichts tun, um sich mit anderen Atomen zu verbinden. All das geschieht von selbst. Die ganze Natur ist auf diese Weise von selbst entstanden und du auch. Niemand mußte etwas tun. Die ersten, die etwas taten, waren die Menschen und ihr Tun war ihr Sündenfall. »Im Schweiße deines Angesichts sollst du dein Brot essen« (Gen 3, 19), heißt es von da an.

Mit dem Tun kommt die Plage. Die Inder sagen daher, daß alles Tun neues Karma schafft und daß die Erlösung darin besteht, nicht mehr zu »tun«. Das heißt natürlich nicht, daß Erlöste nur noch im Bett liegen und sich von anderen versorgen lassen, sondern sie haben diese andere Art des Handelns wiederentdeckt, das von selber geht.

Das hat auch Jesus angesprochen am Jakobsbrunnen in Samaria, wo er zu einer Frau sagt:

»Jeder, der von diesem Wasser trinkt, wird wieder durstig werden,
wer aber von dem Wasser trinkt, das ich ihm geben werde,
wird in dieser Zeit nie mehr dürsten,
sondern das Wasser, das ich ihm geben werde,
wird in ihm zu einer Quelle von Wasser werden
und ins ewige Leben sprudeln«.

Die Frau sagt zu ihm:

»Herr, gib mir dieses Wasser, damit ich nicht mehr dürste
und nicht mehr hierher kommen muß, um zu schöpfen.«
(Joh 4, 13f).

Die Samariterin meint, wie auch wir oft meinen, das ewige Leben müßte eine Art Schlaraffenland sein. Aber das ist es natürlich nicht. Rein äußerlich unterscheidet es sich kaum von diesem vergänglichen Leben, nur die Art des Handelns ist eine andere.

Betrachte dein eigenes Leben. Da gibt es das Tun, das dir schwerfällt und dann gibt das, das von selbst geht. Wie unterscheiden sich die beiden Arten des Tuns?

Wenn du dich »im Schweiße deines Angesichts« arbeiten fühlst, dann kann das zwei Gründe haben. Entweder du hast dir etwas ausgerechnet, das du unbedingt erreichen willst, obwohl etwas anderes in dir gar kein Interesse daran hat oder die Anstrengung stört dich, weil du deine Tätigkeit mit Tätigkeiten vergleichst, bei denen du dich nicht anstrengen mußt. Zu anderen Zeiten aber stört dich dein Schweiß keineswegs. Da tust du nichts Ausgedachtes und du stellst auch keinen Vergleich an, sondern du bist ganz in dem, was du tust. In dem Unterschied zwischen den beiden Arten des Handelns liegt der Schlüssel zum ewigen Leben. Was dich hinauswirft aus dem Paradies, hinein in die Plage, ist dein ständiges Vergleichen, dein Urteilen über gut und schlecht, dein Denken. Durch das Denken ziehst du dich selbst heraus aus dem bewußten Dasein im Moment, in dem allein das ewige Leben zu finden ist. Laß es daher sein. Werde wieder Kind.

Kleine Kinder sind immer ganz da, im Moment, solange sie durch unsere Erziehung noch nicht verdorben sind. Von selbst lernen sie laufen und sprechen, von selbst kommt alles, was sie tun.

Betrachte das, was die Kinder lenkt, und finde es jetzt auch in dir.

Erinnere dich an Situationen, in denen du wie ein Kind, ohne Denken und Vergleichen wußtest, was in einem bestimmten Moment das Richtige war. Wenn du ehrlich bist, wirst du feststellen, daß du es auch jetzt noch weißt, wenn auch nur für einen Moment, bevor dann die Gedanken kommen, die dich an die tausend Rücksichten auf die Mächte erinnern, vor denen du dich fürchtest und denen du dich unterworfen hast. Jetzt aber nimm dir Zeit und rufe das Lebensgefühl der Momente wach, in denen du ganz eins bist mit dem, was du tust.

Dann kehre zurück zu deinem Atem und laß dich von ihm noch tiefer hineinführen in den Bereich des Lebens, in dem alles von selber geht. Spüre ihn als die ständige Brücke zwischen deinem Bewußtsein und diesem allzeit gegenwärtigen und doch verborgenen ewigen Leben.

Übung: Gyo-ki

Eine sehr überraschende Verbindung mit dieser anderen Art des Wahrnehmens und des Handelns kann dir eine kleine Übung vermitteln, die ich von Shinmei A. Kishi übernommen habe. Er nennt sie »Gyo-ki«, d.h. Ki-Praxis. »Ki«, im Chinesischen »Chi«, ist so etwas wie das Sammelbecken der in einem bestimmten Moment auf einen bestimmten Punkt wirkenden Kräfte.

Setze dich gerade hin und laß dich zur Ruhe kommen. Damit du nicht zu sehr von Gedanken abgelenkt wirst, kannst du im Hintergrund leise meditative Musik laufen lassen. Dann hebe deine Hände in Brusthöhe, die Handflächen zueinander gewandt in einem Abstand, der sich richtig anfühlt, vielleicht 10, vielleicht 50 cm.
Spüre zuerst die Wärmeausstrahlung deiner Hände und dann diese gewisse Spannung zwischen den Handflächen. Vielleicht ist es für dich wie Magnetismus oder wie ein elektrisches Feld in einem Kondensator oder auch wie eine Art Strahlung. Es ist die Art Energie, mit der Heiler umgehen, wenn sie ihre Hände auflegen. Aber hüte dich davor, diese »Energie« zu benennen. Schon das Wort »Energie« ist zu viel. Spüre es einfach nur, was immer es sein mag.
Und dann spüre, wie sich deine Hände ganz von selbst kaum merklich bewegen.
Niemand kann ja ganz stillhalten. Achte eine Weile auf diese kleinen Bewegungen. Und dann erlaube deinen Händen, sich mehr zu bewegen, genau so wie es von selbst kommt, und du wirst sehen, daß sie sich in bestimmte, ständig wechselnde Richtungen bewegen. Falls du den Kontakt zu dieser Bewegung verlierst, bleib stehen und warte, bis er wiederkommt.
Du kannst nun ein wenig experimentieren und sehen, wie sich Richtungen anfühlen, die du dir selbst ausdenkst, und du wirst feststellen, daß sich die Hände in bestimmte Richtungen schwerer bewegen lassen als in andere und daß ihnen eine Richtung

immer leichter fällt als alle anderen. Folge dieser Richtung und du wirst erleben, wie eine Art spontanes Tai Chi entsteht.
Tu das jetzt für eine Weile und werde eins mit deiner spontanen Bewegung, vielleicht 15 Minuten lang.

Übung: erweiterstes Gyo-ki

Wenn du der ersten Übung gefolgt bist, dann hast du jetzt schon ein klares Beispiel für den Unterschied zwischen der Bewegung, die aus dem Denken kommt und der Bewegung, die der Kraft folgt.
Das ewige Leben ist mit dieser Kraft verbunden, es kommt aus dieser Kraft, es ist diese Kraft. Die sich ständig verändernde Bewegung zeigt dir, daß du sie nicht festhalten kannst und du siehst auch, daß es nichts zu erlernen gibt, sondern nur zu verlernen. Du bekommst auch nichts, wenn du das ewige Leben entdeckst, vielmehr muß etwas wegfallen, nämlich das, was deinem Kontakt mit dem ewigen Leben im Wege steht: Du selbst und die Welt, mit der du dich identifizierst.
Nimm dir jetzt noch einmal wenigstens 15 Minuten Zeit für die zweite Übung. Vielleicht ist dir bei der ersten Übung schon aufgefallen, daß sich da noch mehr bewegen möchte als nur die Hände. Vielleicht haben deine Hände bereits deinen Oberkörper mitgezogen, vielleicht hat sich auch dein Kopf mitbewegt, vielleicht bist du auch aus dem Gleichgewicht gekommen und umgefallen. Bei der zweiten Übung laß nun all das ganz bewußt zu.
Für diese Übung brauchst du mehr Platz, wenigstens den Umkreis deiner Körperlänge. Die Bewegung ist eher langsam, daher stören feste Hindernisse nur wenig. Alles Zerbrechliche aber räume aus dem Weg und lege alles Einengende ab, auch Schmuck, Uhr etc..
Beginne nun wie vorhin mit den Händen und laß dann die Bewegung deinen ganzen Körper erfassen.

Übung: Im Fluß des ewigen Lebens auf andere zugehen

Für diese Übung brauchst du eine Gruppe von Leuten, die die Übung gemeinsam machen wollen. Jeder Teilnehmer muß bereit sein, sich der Wahrheit des Augenblicks zu öffnen und das sich Öffnen der anderen zu respektieren. Wiederhole diese Übung daher nicht gleich bei der nächstbesten Party aus Begeisterung über die erstaunliche Wirkung deines ersten Versuchs. Denke an den Schutz, den dir die gemeinsame Intention gewährt, sonst könntest du in deinem Bemühen, dich der Wahrheit zu öffnen einen empfindlichen Rückschlag erleiden.
Bevor du dich von der Stelle bewegst, stimme dich meditativ auf die Gruppe und ihre Mitglieder ein und suspendiere alle Vorlieben und Vorurteile. Intensives Tanzen kann allen in der Gruppe helfen, sich von ihren Gedanken und Urteilen zu lösen. Das gilt auch für die vorangegangenen Übungen. Wenn eine Gruppe diese Übung zusammen macht, sollten sich daher zunächst alle für eine Weile einfach von Musik bewegen lassen.
Zu Beginn der Übung stehst du dann mit geschlossenen Augen und stimmst dich ein auf den Raum und die Menschen darin. Mit fast geschlossenen Augen, die Hände als Antenne und Wahrnehmungsorgan benutzend, wie ein Schlafwandler, gehst du dann los und bei jeder Begegnung spürst du, ob du angezogen oder abgestoßen wirst. Wenn du von jemand angezogen wirst, läßt du nun wieder deinen Händen die Führung und bald wirst du sehen, ob deine Anziehung auf Gegenliebe stößt und ob du dich eingeladen fühlst zu bleiben oder ob du dich lieber weiterbewegst. Schon bei dieser Erkundung kannst du deinen ganzen Körper agieren lassen, wie bei der vorangegangenen Übung; nur dem Denken solltest du nicht erlauben, sich einzumischen.
Es kann sein, daß nun schnell ein sehr intensiver Kontakt entsteht, der vielleicht anhält, wenn die Übung vorbei ist, der vielleicht aber nur von kurzer Dauer ist. Wenn du in so einem

Fall nach der Übung erneut auf diese Person zugehst, zu der du tiefen Kontakt hattest, in der Annahme, der Kontakt müßte noch da sein, kannst du eine herbe Enttäuschung erleben, denn etwas, das in einem Moment wahr ist, kann im nächsten Moment schon völlig verkehrt sein. Du mußt also jeden Moment neu spüren – so wie die Kinder es auch tun, die sogar Vater Mutter und Geschwister manchmal zutiefst hassen und im nächsten Moment wieder heiß lieben. Das ist nicht ein Fehler, sondern es ist einfach die Wahrheit. Das ewige Leben ist eben ständig im Fluß und völlig unberechenbar. Und es gibt nur einen Zugang zu ihm: das Spüren der im Augenblick wirkenden Kraft.

Übung: Ewiges Leben im Alltag

Diese Art des Handelns aus dem unmittelbaren Spüren solltest du dann im Alltag üben. Dazu mußt du es unterscheiden lernen vom Handeln aus Vorstellungen. Und dazu wieder mußt du deinen Blick abwenden vom Ergebnis deines Handelns, das in beiden Fällen angenehm oder unangenehm sein kann.
Wir alle wollen ja vorhersehen und verhüten und deshalb haben wir Angst vor dem ewigen Leben und seiner Unberechenbarkeit. Unsere ganze Vorstellungswelt dient dazu, uns vor ihm zu schützen. Wenn wir es aber dennoch erreichen wollen, müssen wir unser Bewerten und Berechnen aufgeben und wir müssen lernen, auch den Schmerz und das Unangenehme und auch das Unvorstellbare auszuhalten. Dadurch erst werden wir fähig, das Echte vom Unechten zu unterscheiden und das im Hier und Jetzt Gegebene voll zu akzeptieren. Erst dann steht dem Fluß des ewigen Lebens nichts mehr im Weg.

Bevor du auf diese Weise deinen Alltag betrachtest, laß dich innerlich zur Ruhe kommen. Achte für eine Weile nur auf deinen Atem, ohne ihn zu beeinflussen.

Dann betrachte aus dieser Ruhe heraus dein alltägliches Leben. Erlaube dir den Blickwinkel dieser anderen Instanz in dir, die du mit dem Echten verbunden weißt. Aber erschrick nicht! Du könntest dem Teil von dir begegnen, den du gewöhnlich verdrängst. Wir alle haben ja diesen Aspekt, einem Monster ähnlich, solange wir noch nicht endgültig wiedergeboren sind aus dem Geist. Oscar Wilde hat diesen Aspekt so meisterhaft beschrieben in seinem »Bildnis des Dorian Gray«. Er ist das Ergebnis unseres Handelns aus Vorstellungen. Sei dankbar, wenn du ihn an dir sehen kannst, aber identifiziere dich nicht damit. Laß ihn los und schau auf die andere Seite, auf deine Verbindung zum Ewigen. Sie ist ja genauso da! Laß sie erscheinen. Sieh dich selbst, wie du den gleichen Situationen, die dich in der Vergangenheit deformiert haben, jetzt aus dem Ewigen heraus begegnest. Sieh dich selbst im Wunder deiner Neugeburt aus dem Geist. Und das immer wieder, in immer neuen Anläufen, so lange bis du dich ganz gelöst hast von der Sklaverei deiner Vorstellungen.

Wenn du dein Leben auf diese Weise eingehend betrachtet hast, kehre zurück zu deinem Atem. Erlaube ihm, ganz von selbst zu fließen. Laß deine Vorstellungswelt mit jedem Ausatmen entweichen. Sieh deine Verbundenheit mit dem ewigen Leben in jedem Wendepunkt des Atems. Und jedes Einatmen laß deine Kraft erneuern, mit diesem Prozeß weiterzugehen.

Und dann im Alltag, wenn eine alte Schwierigkeit erneut auftaucht, erinnere dich an das Wunder, das du gesehen hast. Laß seinen Geist erscheinen. Mach dich frei für ihn und folge ihm.

III Worin besteht die Erlösung ?

Er gab ihnen die Macht, Kinder Gottes zu werden

(Joh 1, 1-18)

[1]Im Anfang war der Logos (der ordnende, schöpferische Geist)
und der Logos war bei Gott,
und Gott war der Logos.
[2]Dieser war im Anfang bei Gott.
[3]Alles ist durch ihn entstanden
und ohne ihn wurde nichts von dem, was geworden ist.
[4]In ihm selbst war das Leben
und das Leben war das Licht der Menschen.
[5]Und das Licht leuchtet in der Finsternis
und die Finsternis hat es nicht begriffen.
[6]Da war ein Mensch, von Gott gesandt;
sein Name war Johannes.
[7]Der kam als Zeuge,
um auszusagen über das Licht,
damit alle Vertrauen bekämen durch ihn.
[8]Jener war nicht das Licht,
sondern er sollte nur aussagen über das Licht.
[9]Er (der Logos) war das Licht, das wahre,
das jeden Menschen erleuchtet,
der in die Welt kommt.
[10]Er war bereits in der Welt und die Welt ist durch ihn geworden,
aber die Welt hat ihn nicht erkannt.
[11]Er kam in sein Eigenes,
aber die Seinigen nahmen ihn nicht an.

12 Allen aber, die ihn annahmen,
gab er die Macht, Kinder Gottes zu werden,
denen, die seinem Ruf trauen,
13 die nicht aus dem Blut,
nicht aus dem Willen des Fleisches,
nicht aus dem Willen des Mannes,
sondern aus Gott geboren sind.
14 Und der Logos ist Fleisch geworden
und hat unter uns gewohnt,
und wir haben seine Ausstrahlung gesehen,
eine Ausstrahlung wie die eines allein vom Vater Geborenen,
voll Anmut und Wahrheit.
15 Johannes ist Zeuge für ihn
und er hat sich heiser geschrien, indem er sagte:
Der war es, von dem ich gesagt habe:
Der nach mir kommt, ist vor mir gewesen,
denn als Erster vor mir war er.
16 Denn aus seiner Fülle haben wir alle empfangen,
Gabe um Gabe.
17 Denn das Gesetz wurde durch Mose gegeben,
die Anmut und die Wahrheit kamen durch Jesus Christus.
18 Niemand hat Gott je gesehen.
Aber er, der eingeborene Gott,
der am Herzen des Vaters ruht,
er hat den Weg gezeigt.

Am Anfang war der Logos, die schöpferische Intelligenz, der von selbst (aus dem Blick auf das Ganze – nicht analytisch-synthetisch) das Chaos ordnende »Geist«. Aus ihm ist alles hervorgegangen. Auch die Gattung Mensch ist aus ihm hervorgegangen, von selbst, ohne die Hilfe eines Ingenieurs. In den Menschen ist der Logos in seinem Eigensten, aber sie bemerken ihn nicht. Er ist ihr Leben, ihr Licht in der Finsternis. Trotzdem trauen sie ihm nicht, sondern sie glauben hartnäckig, daß die Rettung von ihren zufälligen persönlichen Vorstellungen kommt.

Aber allen, die ihn annehmen, gibt er die Macht, Kinder Gottes zu werden. Die ihm trauen, werden sich lösen vom Ruf der Ahnen, des Triebes und der Vernunft. Und alle haben diese Chance, denn sein Ruf ist allgegenwärtig und nicht erst vermittelt durch die Geschichten vom Wirken des Logos, die es bei allen Völkern gibt.
Dieser Logos ist Fleisch geworden – von Anfang an. Die Evolution ist sein Werk und damit auch wir. Aber dann ist er in besonderer Weise Fleisch geworden in einem Menschen. In seiner Person ist das Licht, das jeden Menschen erleuchtet, gewissermaßen persönlich, in der Welt erschienen.
Johannes bezeugt es – und gleichzeitig bezeugt er die drei Stadien der menschlichen Entwicklung: die Steuerung durch den Logos im Paradies (»vor ›mir‹ war Er«), den Sündenfall (die Absonderung des ›ich‹ von Ihm, dem Logos) und die Wiedergeburt aus dem Geist (»der nach ›mir‹ kommt«).
Nach Mose war das religiöse Gesetz die Methode, der Weg zur Wiedergeburt aus dem Geist, also eine soziale Maßnahme, aber seit Jesus ist es »Anmut und Wahrheit«, das direkte Spüren des Geists.
Alles theologische Geschwätz über Gott können wir vergessen, denn niemand hat Gott je gesehen. Aber er, »der eingeborene Gott«, der am Herzen des Vaters ruht, er hat uns allen den Vater gezeigt und den Weg zu ihm.
In Jesus ist Gott in einzigartiger und unverfälschter Weise sichtbar geworden – was nicht heißt, Jesus wäre zeitlich der Erste oder überhaupt der Einzige gewesen – und für den, der Ihn erkannt hat, braucht es keinen anderen mehr.

Wer das so noch nicht verstehen kann, mag sich an Gideon erinnern:

Gideon und die Macht des Geists
(Ri 6 – 8)

Gleichgültig, ob das, was in der Gideonlegende erzählt wird, damals so geschehen ist oder nicht – es ist eine archetypische Geschichte, die denjenigen, die schon vor ihrer eigenen Wiedergeburt aus dem Geist wissen möchten, was sie da erwartet, einige wichtige Hinweise geben kann:

Zur Zeit Gideons erfanden die reichen Küstenbewohner Palästinas, die Midianiter, einen neuen Sport: An langweiligen Wochenenden ritten sie in die Berge zur Jagd. Und da jagten sie nicht irgendein Wild, sondern die technologisch rückständigen Israeliten. Sie zündeten deren Felder an, kurz bevor das Getreide reif war, drangen in ihre Dörfer ein, zerstörten Hütten, vergewaltigten, mordeten. Und die Israeliten wußten sich nicht zu helfen, denn sie hatten ihren Gott vergessen. Statt JAHWE, der Kraft und der Wahrheit in ihnen selbst, folgten sie dem gleichen Gott wie ihre Bedränger, dem Baal. Und »Baal« ist nicht eine hölzerne Götterstatue, »Baal« ist die Idee von Zweck und Erfolg! Und die Israeliten fuhren nicht gut mit diesem Gott: Sie hatten keinen Erfolg! Und wären die Erfolgreichen wirklich glücklich gewesen mit ihrem Gott, so hätten sie diese neue Jagd in den Bergen nicht gebraucht.

Die Not der Israeliten war erdrückend und am drückendsten bei den Armen. Und im schwächsten Glied, im jüngsten Sohn einer der ärmsten Familien, brach die Vorstellungswelt dann zusammen, die das Elend so lange möglich gemacht hatte:

Gideon erwachte aus dem Alptraum des Erfolgsdenkens und er sah die Dinge, wie sie sind – in der Sprache der Bibel: »Ihm erschien der Engel JAHWE's«. Und JAHWE sagte zu ihm:

»Geh und befrei mit der Kraft, die du hast,
Israel aus der Faust Midians!«

Gideon wäre beinahe ausgeflippt, denn wie sollte er, der Schwächste im ganzen Volk, die Israeliten befreien? Die Kraft, die er hatte, war lächerlich – so glaubte er, weil er die Kraft des Geists

noch nicht entdeckt hatte. Doch nun erfuhr er sie bereits: Er sah ganz klar, daß er nicht warten konnte, bis er mehr Kraft in sich spürte. Er mußte jetzt beginnen, mit der Kraft, die er hatte!
Als erstes, bevor er sich auf die folgenden Verrücktheiten einließ, unterwarf er die Stimme des Geists einem Test. Er mußte ja wissen, ob seine Eingebung real war oder ob es sich nur um eine Ausgeburt manischer Phantasie handelte. Das Ergebnis des Tests war klar – und Gideon brauchte diese Klarheit, denn von nun an war jeder Schritt lebensgefährlich:

Die erste Aktivität, die sein Gespür ihm diktierte, war die Zerstörung der Symbole der alten Welt: Er machte Brennholz aus dem Altar des Baal. Und auf dem Altar, den er für JAHWE neu errichtete, opferte er den Kultstier des Baal, das Symbol von Ansehen und Macht.
Natürlich kam die Polizei und wollte Gideon verhaften und ihn vor Gericht stellen wegen dieses Sakrilegs. Aber sein Vater weigerte sich, ihn herauszugeben. »Wenn Baal ein Gott ist, soll er für sich selber kämpfen« (Ri 6,31), sagte er und er drohte jedem den Tod an, der versuchen sollte, seinen Sohn festzunehmen. Und niemand wagte es.
Von dem Tag an sammelte Gideon Leute um sich und er baute eine Abwehrtruppe gegen die Überfälle auf. Die Feinde waren zunächst überrascht. Sie wurden geschlagen, aber sie kamen mit Verstärkung wieder. Die Kämpfe eskalierten, bis die Midianiter schließlich mit einer riesigen Armee von vielen tausenden Leuten anrückten. Mittlerweile allerdings hatte Gideon genausoviele um sich gesammelt – so viele, daß die Israeliten Gefahr liefen, zum Gott des Zwecks&Erfolgs zurückzukehren, d.h. ihre Erfolge ihrer eigenen Kraft zuzuschreiben und zu vergessen, daß es der Geist war, der sie führte. Daher mußte die Kraft des Geists jetzt demonstriert werden. Und so hatte Gideon wieder einen verrückten Einfall:
Zuerst schickte er alle die weg von seiner Armee, die irgendwelche Ängste oder Zweifel hatten. Zweiundzwanzigtausend

Leute liefen nach Hause, zehntausend blieben – immer noch viel zu viele für eine eindeutige Sache. – Und so diktierte der Geist nun den entscheidenden und charakteristischen Test:
Gideon sollte seine Leute an den Fluß führen zum Trinken und alle als untauglich ausmustern, die das Wasser mit irgendwelchen Hilfsmitteln schöpften – und sei es nur mit der Hand! Nur diejenigen, die das Wasser leckten wie ein Hund, durfte er behalten. Das waren dreihundert, die übrigblieben von mehr als dreißigtausend!
Alle kulturell Verseuchten wurden ausgeschieden. Sie waren in Gefahr, nicht dem Geist zu folgen, sondern ihrer Vorstellungswelt (»dieser Welt«, wie Jesus später sagte).
Nur die Verrückten, nur die, die nicht an Konventionen gebunden sind, sind geeignet. Sie setzen dem Geist keine Ideen und keinen Eigensinn entgegen; sie sind frei, sofort auf die kleinsten Nuancen aller Veränderungen in der Wirklichkeit zu reagieren.
Mit ihnen war es möglich, eine hundertfache Übermacht zu bezwingen – und zwar durch die Kraft, die sie hatten, durch den Geist!
Und so kam es auch.
Mit so wenigen Leuten konnte Gideon natürlich nicht einfach angreifen, wie er es sonst getan hätte. Der Mensch, der dem Geist folgt, mag zwar verrückt erscheinen, aber er ist nicht blöd! Im Gegenteil – ohne die Sorgen seines denkenden »Ich« arbeitet nun die Intelligenz für ihn, die aus Mineralien, Sonne, Luft und Wasser Menschen hat entstehen lassen!
Diese Intelligenz, der Logos, der Geist, »JAHWE«, das einzige echte Ich, das in der ganzen Schöpfung existiert, drängte Gideon nun, die Stimmung im feindlichen Lager zu erkunden. Und Gideon erfuhr: Die Leute hatten mächtig Angst! Sie fragten sich, was sie eigentlich verloren hatten auf dem Territorium der Israeliten und für wen sie ihr Leben aufs Spiel setzten – denn die Kampfkraft der Truppen Gideons war ihnen schon zu Ohren gekommen.
Gideon erfuhr das, als er an einem Zelt lauschte, in dem ein Soldat gerade einen Traum der letzten Nacht erzählte: Ein

Brotlaib war von den Berghängen herab in das Heerlager gerollt und hatte das Zelt zum Einsturz gebracht.
Das war für Gideon die Bestätigung, die er brauchte. Seine Verrücktheit, auf den Geist zu hören, statt auf Vorstellungen und Kalkulationen, war der Weg zum Sieg. Zum Zeichen dafür, daß sein »Ich« tot war, daß er entschlossen war, sich völlig dem Geist zu überlassen, also aus Ehrfurcht vor der Kraft des spontanen Lebens, warf er sich auf die Erde.
Dann kehrte er zu seinen Leuten zurück und gab ihnen die Anweisungen für den Angriff: Er teilte sie auf in drei Gruppen zu je hundert Mann. Sie sollten das Lager von drei Seiten umstellen und nur die Talseite offenlassen. Jeder bekam das Horn eines Heerführers und eine Fackel, deren Licht durch einen Krug verdeckt war. Im Schutz der Dunkelheit schlichen sie sich ganz nahe an das Lager der Midianiter. Sie stellten sich so auf, als ob hinter jedem Mann eine ganze militärische Abteilung stünde. Als sie aufgestellt waren und alle im Lager im tiefsten Schlaf lagen, gab Gideon das Signal. Nun zerschlugen die dreihundert Heerführer gleichzeitig die Krüge, die das Licht ihrer Fackel verdeckt hatten und sie bliesen in ihr Horn wie zum Angriff und sie schrien: »Das Schwert für JAHWE und für Gideon!« Und – sie bewegten sich nicht von der Stelle!
Die Wirkung war verheerend. Die Midianiter schreckten auf aus ihrem Schlaf. Verwirrt ergriffen sie ihr Schwert und stürzten aus den Zelten. Da sahen sie im Dunkel viele Männer mit Schwertern. Offensichtlich waren die Gegner schon mitten im Lager. Die Midianiter begannen zu kämpfen und – sich gegenseitig abzuschlachten. Die dabei nicht umkamen, flohen Hals über Kopf talwärts.
Gideon brauchte nur noch einen Boten zum Rest seines Heeres schicken, das in sicherer Entfernung wartete und die Niederlage der Midianiter war perfekt.
So siegt der Geist über die Logik!
Es kostete die Israeliten keinen Tropfen Blut.

Später allerdings soll auch Gideon vom Geist abgewichen sein: Er gab seinen Leuten ein Symbol, das sie erinnern sollte an die Kraft hinter ihren Siegen. Er hoffte damit den Geist für immer in seinem Volk zu etablieren!
Er wollte den Geist zur Methode machen. Er wollte ihn festhalten. Wir wissen bereits von anderen Versuchen dieser Art, daß das nicht geht. Das erste Gebot warnt davor, sich ein Bild zu machen, aber die Versuchung kommt immer wieder: Immer wieder geschieht der Sündenfall. Und dann muß der Geist des ursprünglichen Gideon erneut erscheinen!

Meditation

Wenn du die Gideonsgeschichte für dich fruchtbar machen möchtest, mußt du selbst zu Gideon werden.

In dieser Intention setz dich jetzt bequem und aufrecht hin und achte zunächst nur auf deinen Atem. Wenn deine Gedanken zur Ruhe gekommen sind, schlüpfe in die Haut des Gideon und sieh, was er erfährt. Und wenn du es selbst erfahren hast, kehre zurück und sieh was diese Erfahrung für dich hier bedeutet.

Zunächst also ist Gideon der Sohn eines armen Bauern, der wie alle anderen in ständiger Angst lebt vor den Überfällen der Philister. Male dir das Bild plastisch aus mit allem, was dazugehört, seine Familie, seine Freunde, die Behausungen, die Felder, die Landschaft in den Bergen, die Tiere, den Kultstier, den Altar, was die Leute reden, die Überfälle und ihre Folgen.
Wenn du die Lage des Gideon in allen Details sehen kannst und wenn du seine Angst spürst, geh zu dir selbst und sieh, wo du auf ähnliche Weise bedrängt wirst vielleicht nicht von außen, sondern von eigenen Vorstellungen und Gewohnheiten. Erlaube dir, deiner Angst ins Gesicht zu sehen, und sieh deine Feinde, deinen Kultstier und deinen Altar. Das alles sieht heutzutage natürlich ganz anders aus, aber es ist bei dir wie bei mir genauso

da. Schau es jetzt an. Und dann erlaube dir, die Lösung zu sehen, so wie Gideon die Lösung gesehen hat.
Die Lösung hat verschiedene Stufen. Zunächst wird Gideon klar, er muß beginnen mit der Kraft, die er hat. Er kann nicht warten auf mehr Kraft. Er hat Angst, denn seine Kraft ist sehr gering, aber er hat keine Wahl. Und so beginnt er. Und so mußt auch du beginnen. Auch du hast keine Wahl. Entweder du setzt die Kraft ein, die du hast, und sei sie noch so gering, oder nichts wird sich ändern. Du hast die Wahl.
Die erste Tat Gideons war die Zerstörung des Altars. Die Israeliten glaubten genauso an Erfolg und Wohlstand wie ihre Feinde. Das war ihr Gott. Und um ihn nicht zu erzürnen, unterwarfen sie sich unbewußt denen, die Erfolg und Wohlstand bereits erreicht hatten, den Philistern. Gideon zerstörte daher das Symbol dieses Gottes und er errichtete einen neuen Altar für den neuen Gott, den Gott der Wahrheit und des Wunders, der ihm jetzt sagte, was er zu tun hatte. Diese Tat war sehr gefährlich, weil sich nun die ganze Angst seiner Volksgenossen auf ihn richtete.
Sieh nun den Gott, der deinen Feinden Macht verleiht und sieh, wie du selbst ihm diese Macht zugestehst. Und dann entscheide dich, ob du das weiterhin so haben willst. Falls nicht, dann sammle deine ganze Kraft für diesen ersten, sehr gefährlichen Schritt und stürze den Altar des Götzen in dir. Aber bedenke, daß sich die Angst deiner Volksgenossen nun gegen dich wenden wird. Viele werden dich für verrückt halten, wenn du dich von den allgemein anerkannten Werten abwendest hin zu der Wahrheit, die sie nicht anzuschauen wagen. Sie werden dich mehr oder weniger subtil bekämpfen, um nicht selbst verunsichert zu werden. Es ist also gut, wenn du dir, wie Gideon es getan hat, zunächst Freunde suchst, die ebenso wie du den Weg der Wahrheit gehen wollen. Dann kannst du es schaffen, den Altar des Baal zu stürzen. Das alles bedenke jetzt.

Die weiteren Schritte des Gideon kannst du vielleicht noch nicht auf dein konkretes Leben beziehen. Geh aber trotzdem weiter in der Geschichte, weil du in ihr unendliches Vertrauen finden kannst. Es ist nicht nötig, daß ich hier alles nocheinmal beschreibe, folge einfach dem Kommentar oben. Sei eins mit Gideon und hole dir von ihm so viel wie möglich für dein eigenes Leben.

Wenn du in deiner Meditation am Ende der Geschichte angelangt bist, dann danke zunächst der Kraft, die so etwas möglich macht. Diese Kraft ist immer da. Sie ist es, die dich atmen läßt. Finde sie, indem du einfach auf deinen Atem achtest. Mit jedem Ausatmen laß dann die alte Welt los, die dich in deinen Beschränkungen festhält, und jedes Einatmen nimm wahr als den göttlichen Hauch, der dich mit dem All verbindet, und der dir zu jeder Zeit alles mitteilt, was du in diesem Augenblick wissen mußt.

Der Sündenfall und die Erlösung

(Gen 2, 16f.; 1 Kor 15, 21f.45)

Dann gebot Gott, JAHWE, dem Menschen:
Von allen Bäumen des Gartens darfst du essen,
doch vom Baum der Erkenntnis von Gut und Schlecht
darfst du nicht essen,
denn sobald du davon ißt, mußt du sterben.

Im Paradies brauchten sich die Menschen keine Sorgen zu machen. Der Logos lenkte sie, wie er die ganze Schöpfung lenkt von Anfang an.
Der Logos lenkt durch Anziehung und Abstoßung: Die Photonen bewegen sich so, die Elektronen, die Atome, die Moleküle, die Sterne, die Planeten, das Wasser, der Wind, das Feuer, der Staub. In Resonanz auf die gegenseitige Anziehung und Abstoßung sind alle Verbindungen entstanden und ebenso die Lö-

sungen; und durch die Resonanz der Verbindungen und Lösungen aufeinander entwickelten sich schließlich Lebewesen, deren Anpassung an die Umwelt jeweils optimal war, eben weil sie aus der Resonanz mit ihr hervorgegangen waren. Auch das Hirn hat sich so entwickelt und das Denken des »homo sapiens«. Und selbst »der Sündenfall« geschah, weil es durch die neue menschliche Fähigkeit auch eine neue Art der Resonanz gab zwischen den Menschen und ihrer Umwelt.

Das »Essen vom Baum der Erkenntnis« ist also zunächst eine Wirkung des Logos!

Aber es brachte ein zweites Lenkungssystem in die Welt. Die Menschen konnten ja jetzt Erfahrungen in Kategorien einordnen. Und so begannen sie nun, ihre momentane Situation zu vergleichen – im Hinblick auf »gut« und »schlecht« – mit den Erfahrungen aus früheren Situationen. Und das eröffnete ungeahnte Möglichkeiten! Denn nun waren sie nicht mehr auf das Spüren der momentanen Anziehung oder Abstoßung angewiesen, sie konnten jetzt »gut« und »schlecht« vorherberechnen. Und sie konnten absichtlich »das Gute« anstreben und »das Schlechte« vermeiden. Und so entstand mitten im Paradies eine neue Paradiesidee: eine rein positive Welt ohne Schmerz. Aber der Schmerz, der bisher als unvermeidlich akzeptiert und daher nicht weiter beachtet wurde, wurde nun zum Gegenstand des Sorgens und das Angenehme wurde zum Gegenstand der Gier. Die Menschen begannen, sich miteinander zu vergleichen. Neid und Eifersucht entstanden – und heimtückische Pläne.

Statt unmittelbarer Anziehung und Abstoßung folgten die Menschen nun ihren Vor-Stellungen. Sie hatten sich ein vom Logos getrenntes »Ich« geschaffen. Damit waren sie zwar frei und autonom, aber sie waren auch schutzlos, »nackt«: Sie hatten ihre innere Führung verloren. Um alles mußten sie sich nun selber kümmern. Die Schmerzen taten doppelt weh und die Lust wurde getrübt durch den Gedanken an das Leid, das unfehlbar folgen würde, denn trotz aller Berechnung war es nicht

möglich, die Lust auf Dauer aufrechtzuerhalten und den Schmerz für immer auszuschalten.
Statt dessen wurden die Gedankengebäude, immer komplizierter und immer zwingender und schließlich verloren die Menschen vollends den Kontakt zu ihrem Gespür für Anziehung und Abstoßung und für die Resonanz ihres Tuns. Sie fühlten sich verdammt und schrien innerlich nach Erlösung von dieser Welt.
Aber der Eingang zum Paradies wurde bewacht von einer Kraft, die jeden töten würde, der es wagte, die Schwelle zu überschreiten. Die Menschen wußten nicht, daß sie mit dieser Kraft ja verbunden waren durch ihre Fähigkeit, Anziehung und Abstoßung wahrzunehmen, und daß das, was getötet werden würde, nur eine Illusion war, nämlich das Gedankengebäude, das sie sich aufgebaut hatten. Sie dentifizierten sich mit ihrem Gedankengebäude und so wagten sie nicht, zurückzukehren.
Sie warteten auf einen, der sie zwingen würde, der ihnen ihre Freiheit nehmen würde, der ihnen nur einen kleinen Spielraum gewähren würde, innerhalb dessen sie sich frei bewegen konnten, und innerhalb dessen sie wieder dem Geist von Anziehung und Abstoßung folgen konnten – weil es ohnehin so gut wie nichts zu gewinnen oder zu verlieren gab, weil ohnehin das Schicksal festgeschrieben war durch die Gesetze der Herkunft, der Sippe, des Geschlechts, des Gesellschaftsstandes usw..
Das war das Zeitalter des Gesetzes. Es zwang die Menschen zur Zufriedenheit. Aber das Gesetz hatte eine Voraussetzung: Die Menschen durften seinen Grund nicht kennen. Das Gesetz mußte unverrückbar gelten. Es war göttliches Gesetz. Und dieses Gesetz beherrschte alle Naturvölker und alle Religionen bis herauf zu den Mormonen. Und manchmal kannten nichteinmal die Religionsstifter den Sinn und den Ursprung des Gesetzes: »Der Geist« hatte es ihnen gegeben.
Doch immer schon gab es auch Ausnahmen, »Propheten«, »Mystiker« etc., Menschen, die ihre Frage nach dem Ursprung des Gesetzes nicht beherrschen konnten, die in sich eine ununter-

drückbare Abneigung spürten gegen dieses Gesetz, das ja, wie das ganz natürlich sehr schnell geschieht, nicht dem Geist, sondern nur dem Buchstaben nach erfüllt wurde und das daher selber zum Anlaß wurde für viele Leiden. Und sie spürten eine unbändige Anziehung, eine Neugier, die sie dazu antrieb, nicht lockerzulassen, bis sie den Grund entdeckt hatten hinter allen Mystifikationen.
So einer war Jesus. Als uneheliches Kind hatte er allen Grund die Scheinheiligkeit hinter den Diskriminierungen aufzudecken und zu erforschen, was denn nun aus der so viel beschworenen Barmherzigkeit Gottes geworden sei.
Und so entdeckte er den Geist.
Seine Welt war sowieso nichts wert, daher fiel es ihm nicht so schwer, sie loszulassen. Und die Wirklichkeit dahinter zeigte ihm den Weg zurück ins Paradies. Der Erzengel Michael, der Wächter, war keine Gefahr für ihn. Durch die unmenschlichen Schranken der Konventionen, die ihn betrafen, war er ja schon so gut wie tot. Es war schon egal, er konnte es riskieren, für verrückt gehalten zu werden, indem er nicht dem Gesetz folgte, sondern seiner ehrlichen Wahrnehmung.
Und gerade dadurch achtete er das Gesetz. Er wußte ja auch, daß Propheten gesagt hatten, es würde irgendwann einen neuen Bund geben, in dem das äußerliche Gesetz ersetzt wäre durch das Gesetz, das Gott von Anfang an in die Herzen der Menschen geschrieben hat.
Diesem innerlichen, natürlichen Gesetz verschrieb er sich ganz und gar. Und in ihm entdeckte die tiefste Menschlichkeit.
Von da an brauchte er keine Vorstellungen mehr. Er hatte etwas viel besseres – sein unmittelbares Gespür. Und jeder hatte diese Fähigkeit! Jeder konnte spüren, wie die schöpferische Kraft in diesem Augenblick in ihm erscheinen wollte!
Wahre Wunder wurden möglich, sobald einer begann, darauf zu achten und zu vertrauen!
Und so zog er durch das Land und zeigte es den Leuten. Und ganze Lawinen von Steinen fielen von den Herzen der Menschen.

Die Kranken hatten gar keinen Grund mehr krank zu sein, denn alle unnötigen Belastungen fielen weg. Befreit aus dem Gefängnis ihrer Gedanken konnten sich die Menschen jetzt zeigen, wie sie waren. Ihre Originalität durfte hervortreten. Ihr wahrer Herr konnte in ihnen erscheinen. Und sie fühlten sich erlöst: leicht und stark und so menschlich wie nie zuvor.
Die Kunde davon breitete sich aus. Alle waren begeistert. Nur die Priester sahen ihren Einfluß schwinden und auch die Politiker. Das Ende der Ideologien schien abzusehen. Da zogen die, die etwas zu verlieren hatten – ihr Prestige, ihre Privilegien – die Notbremse. Sie ließen den Mann verhaften, der diese Lawine ins Rollen gebracht hatte. Er war ganz offensichtlich ein Gotteslästerer.
Im Gegensatz zu der Zeit des Gideon, waren die Privilegien jetzt abgesichert. Die Polizei brauchte keine Angst mehr haben vor dem Volk. Jesus wurde verhaftet und hingerichtet.
Aber gerade weil es so war, weil ein Volksaufstand Massenselbstmord gewesen wäre, hat »der Geist« es jetzt so gelenkt, daß er sich auf eine andere Art und Weise durchsetzte:
Das Beispiel Jesu – daß er den Tod auf sich genommen hat, weil er nur dem Geist von Anziehung und Abstoßung folgte – hatte eine ungeahnte Anziehungskraft. Es erzeugte eine gewaltige Bewegung, die sich unaufhaltsam ausbreitete, trotz aller Versuche, sie mit den drastischsten Mitteln einzudämmen.
Und so ist Jesus zum zweiten Adam geworden, zur Umkehrung des ersten.

Da nämlich durch einen Menschen der Tod gekommen ist,
kommt durch einen Menschen auch die Auferstehung
der Toten.
Denn wie in Adam alle sterben,
so werden in Christus alle lebendig gemacht werden.
...
Adam, der erste Mensch, wurde ein irdisches Lebewesen.
Der letzte Adam wurde lebendigmachender Geist.
(1 Kor 15, 21f.45)

Mit Adam begann die Illusion der Unabhängigkeit – und damit die Angst vor dem Tod. Jesus dagegen kehrte zurück zum schöpferischen Prinzip, weil er sah, daß die durch Berechnung gewonnene Freiheit nur Illusion war. Er akzeptierte das Unangenehme, das der erste Adam vermeiden wollte. Er akzeptierte sogar den Tod – und so ließ ihn der Wächter passieren. Er konnte das Paradies betreten, vom Baum des Lebens essen und auch seinen Schülern von dessen Frucht geben. Ein neuer Weg war gebahnt, die Erlösung war vollbracht.

Meditation

Wir alle haben den Sündenfall mitgemacht. Irgendwann haben wir begonnen, zwischen »gut« und »schlecht« zu unterscheiden und wir haben uns von dieser Unterscheidung noch immer nicht befreit. Nur weil wir die Nachteile dieser Unterscheidung erfahren, suchen wir nach Erlösung und immer noch stellen wir sie uns als etwas nur Gutes vor. Auf diese Weise halten wir unsere alte Welt fest und darum sind wir so hektisch um unsere Erlösung bemüht. Es ist klar, daß das so nicht gehen kann.

Setz dich daher in Ruhe hin und achte nur auf deinen Atem. Laß all dein Streben los. Werde eins mit deinem Atem.

Dann betrachte die zwei Bäume im Paradies, den Baum des Lebens und den Baum der Erkenntnis. Steh wie Eva unter dem Baum der Erkenntnis und erlebe die Versuchung durch die Schlange jetzt selbst. Schau zurück auf den Baum des Lebens und sieh, was er dir bringt: Einssein und Führung im Augenblick, aber eine unbekannte Zukunft. Und dann sieh den Baum der Erkenntnis, die Sicherheit, die er dir verspricht, und die Möglichkeit, etwas zu erreichen.
»Da sah die Frau, daß es köstlich wäre, von dem Baum zu essen, daß der Baum eine Augenweide war und dazu verlockte, klug zu werden.« (Gen 3, 6a)

Verlockt er dich nicht auch? Möchtest du wirklich auf die Sicherheit des Berechnens verzichten? Möchtest du dich wirklich der Möglichkeit aussetzen, in Situationen zu geraten, wie Abraham, als er seinen eigenen Sohn opfern sollte? Oder wie Jesus? Möchtest du dich wirklich von allem lösen, um allein der Wahrheit zu folgen?
Du siehst schon, wenn du erlöst werden willst, mußt du deine Aufmerksamkeit auf etwas anderes richten, als auf das, worauf du bisher gebaut hast! Verfalle aber auch nicht in den Fehler der Asketen, die glauben, sie müßten auf alles verzichten. Du brauchst nämlich auf gar nichts zu verzichten, du mußt dich nur von deinen Wertungen lösen. Der Erlöste nimmt alles, was der Geist ihm gibt, sei es gut oder schlecht.

Sieh dir nun die üblen Dinge deines Lebens an und nimm sie so, wie sie sind. Es sind Gelegenheiten für dich, wegzugehen von deinen Vorstellungen darüber, wie es sein müßte. Nutze diese Gelegenheiten als Übung. Laß dich nicht verleiten zu urteilen oder hektisch zu berechnen. Was Jesus den Schülern rät, denen Gefahr droht, ihr Leben zu verlieren, das bedenke auch in harmloseren Angelegenheiten:

»Und wenn sie euch abführen und ausliefern,
sorgt euch nicht im Voraus, was ihr sagen sollt,
sondern was immer euch in jener Stunde gegeben wird,
das sagt.«
(Mk 13, 11)

Und dann sieh dir die guten Dinge deines Lebens an. Arbeitest du hart, um sie zu erlangen? Hast du Angst, sie zu verlieren? Kannst du dich freuen, wenn sie kommen und kannst du sie ziehen lassen, wenn sie gehen? Jede einzelne Lebenssituation ist eine Übung. Und wenn du bereit bist, alles auch wieder loszulassen, bist du erlöst.

Geh nun zum gegenwärtigen Augenblick deines Lebens. Bist du zufrieden? Und wenn nicht, was fehlt dir? Nocheinmal: Verfalle jetzt nicht in den Fehler, dich zufriedenzugeben und deine Wünsche aufzugeben. Darum geht es nicht. Deine Wünsche gehören zu dir. Sie sind Teil deiner Wahrheit. Du kannst sie nicht aufgeben. Aufgeben mußt du nur, sie zu beurteilen, dann wird sich ihre Widersprüchlichkeit von selber lösen.
Löse dich jetzt von deinen Urteilen. Nimm dich einfach so wahr, wie du bist. Und in dem Moment, in dem dir das gelingt, wirst du eine Veränderung in deinem Atem spüren. Trotz offener Wünsche und trotz Schmerzen wirst du plötzlich wieder frei atmen können. Und das ist das Zeichen dafür, daß du die Lösung gefunden hast.

Verweile nun in dem freien Atem und spüre die neue Zufriedenheit, die mit ihm kommt.

Nun hast du einen Vorgeschmack auf die Erlösung. Nur einen Vorgeschmack deshalb, weil in diesem Moment in dir noch eine ganze Schlange von Urteilen darauf wartet, wieder zum Zug zu kommen. Vielleicht hast du soeben schon die Frage in dir gespürt: »Soll das schon alles sein? Wo bleibt das große Glücksgefühl, das angeblich mit der Erlösung verbunden ist?« Dein Weg da hin ist genauso weit, wie deine Urteile reichen. Und da sind noch viele, von denen du dich lösen mußt. Es ist ein langer und schwerer Weg. Jesus ist dir diesen Weg vorangegangen. Er hat aufgehört über »gut« und »schlecht« zu urteilen. Selbst diesem grausamen und verachteten Tod ist er nicht aus dem Weg gegangen, als die Wahrheit sein Leben von ihm forderte. Er hat den Fehler des ersten Adam nicht wiederholt und damit ist er zu einem zweiten Adam geworden, als dessen Nachfolger auch du zurückfinden wirst ins Paradies.
Jesus wollte weder das Schlechte vermeiden, noch das Gute tun. Er wollte nur eines: eins sein mit der Wahrheit. Alle Verknüpfungen des im Moment Gegebenen mit Vorstellungen, in denen wir noch gefangen sind, waren für ihn gelöst. Zu jeder Zeit

stand er »jungfräulich« vor dem, was gerade da war. Es war für ihn nichts anderes mehr als eben das und das war nicht mehr getrennt von ihm und er war nicht mehr getrennt vom Ursprung. Weil keine Vorstellungen mehr im Weg standen, spürte er die Resonanz in allem und diesem Spüren allein folgte er.
Die Weise, in der er dieses Einssein erlebt hat und aus der heraus er annehmen konnte, was immer kommen mochte, mag dir im Moment unvorstellbar fern erscheinen. Doch du kannst dich ahnend nähern, indem du das Wunder deiner Verbundenheit mit der Kraft des Ursprungs mehr Gewicht bekommen läßt als alles, was dich von ihr trennen könnte.
Es gibt einen Ort in dir, an dem du immer schon so fühlst. Hier hast du seit je her alle Vorstellungen losgelassen. Hier sagst du »ja« zu allem, was ist. An diesem Ort gibt es keinen Wunsch, wie Gott zu sein. An diesem Ort stehst auch du unter dem Baum des Lebens als ein neuer Adam und die Entscheidung des ersten Adam ist längst überholt. Von hier aus gehst du wie Jesus in ein neues Leben ohne Wissen, aber im vollen Bewußtsein der unübertrefflichen Kraft und Intelligenz des Schöpfers in dir.

Du kennst jetzt diesen Ort. Du hast viele Wege gefunden zu ihm hin. Auch wenn du von ihm abgekommen bist, wirst du ihn nun wiederfinden. So laß nun alle Sorge und sei einfach da, wo der Wind des göttlichen Geists dich hinweht.

Stellen-Register